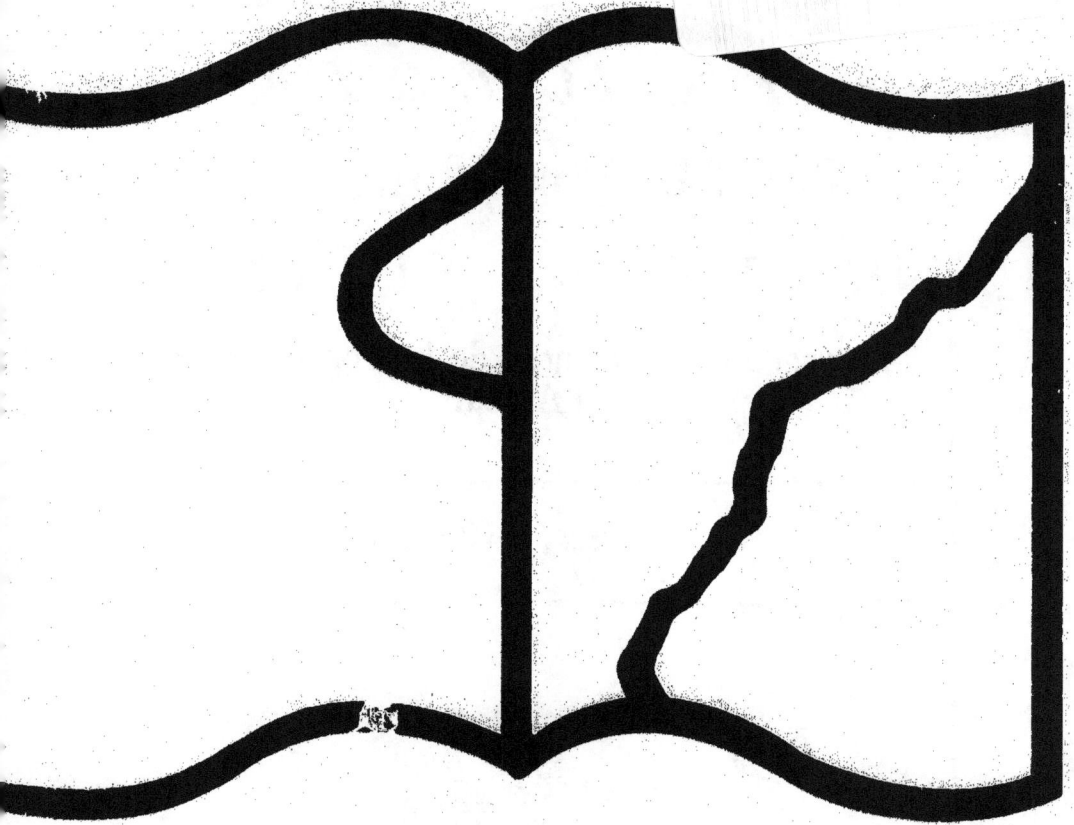

Texte détérioré — reliure défectueuse

NF Z 43-120-11

LES SCYTHES,

TRAGÉDIE.

Par M. De Voltaire,

NOUVELLE ÉDITION,

Corrigée & augmentée de la propre main de
l'Auteur.

Prix, 30 fols.

A PARIS,

Chez Lacombe, Libraire, quai de Conti.

M. DCC. LXVII.

AVEC APPROBATION ET PERMISSION.

LES
SCYTHES,
TRAGÉDIE.

PERSONNAGES.

HERMODAM, Pere d'Indatire, habitant d'un Canton Scythe.

INDATIRE.

ATHAMARE, Prince d'Ecbatane.

SOZAME, ancien Général Persan, retiré en Scythie.

OBÉÏDE, Fille de Sozame.

SULMA, Compagne d'Obéïde.

HIRCAN, Officier d'Athamare.

Scythes & Persans.

ÉPITRE
DÉDICATOIRE.

IL y avait autrefois en Perse un bon vieillard, qui cultivait son jardin, car il faut finir par là ; & ce jardin étoit accompagné de vignes & de champs ; & paulum silvæ super his erat ; & ce jardin n'était pas auprès de Persépolis, mais dans une vallée immense entourée des montagnes du Caucase couvertes de neiges éternelles ; & ce vieillard n'écrivait ni sur la population, ni sur l'agriculture, comme on faisoit par passe-temps à Babilone, Ville qui tire son nom de Babil ; mais il avait défriché des terres incultes, & triplé le nombre des habitants autour de sa cabane.

Ce bon homme vivait sous Artaxerxes, plusieurs années après l'aventure d'Obéïde & d'Indatire. & il fit une Tragédie en vers Persans, qu'il fit représenter par sa famille & par quelques Bergers du mont Caucase, car il s'amusait à faire des vers Persans assez passablement, ce qui lui avait attiré de violents ennemis dans Babilone, c'est-à-dire, une demi-douzaine de gredins qui aboyaient sans

a ij

cessé après lui, & qui lui imputaient les plus grandes platitudes, & les plus impertinents livres qui eussent jamais deshonoré la Perse, & il les laissait aboyer, & grisonner, & calomnier; & c'était pour être loin de cette racaille, qu'il s'était retiré avec sa famille auprès du Caucase, où il cultivait son jardin.

Mais, comme dit le Poëte Persan HORACE, principibus placuisse viris, non ultima laus est. Il y avait à la Cour d'Artaxerxes un principal Satrape, & son nom était Elochivis; comme qui dirait habile, généreux & plein d'esprit, tant la Langue Persanne a d'énergie. Non seulement le grand Satrape Elochivis versa sur le jardin de ce bon homme les douces influences de la Cour, mais il fit rendre à ce territoire les libertés & franchises dont il avait joui du temps de Cyrus; & de plus, il favorisa une famille adoptive du vieillard. La Nation sur tout lui avait une très grande obligation de ce qu'ayant le département des meurtres, il avait travaillé avec le même zele & la même ardeur que Nalrisp, Ministre de paix, à donner à la Perse, cette paix tant desirée; ce qui n'était jamais arrivé qu'à lui,

Ce Satrape avait l'ame aussi grande que Giafar le Barmécide, & Aboulcasem; car il est dit dans les Annales de Babilone, recueillies par Mir Kond, que lorsque l'argent manquait dans le trésor du Roi, appellé l'Oreiller, Elochivis en donnait souvent du sien, & qu'en une année, il distribua ainsi dix mille Dariques, que Dom Calmet évalue à une pistole la piece. Il payait quelquefois trois cents dariques, ce qui ne valait pas trois aspres, & Babilone craignait qu'il ne se ruinât en bienfaits.

Le grand Satrape Nalrisp joignait aussi au goût le plus sûr, & à l'esprit le plus naturel, l'équité & la bienfaisance. Il faisait les délices de ses amis, & son commerce était enchanteur; de sorte que les Babiloniens, tout malins qu'ils étaient, respectaient & aimaient ces deux Satrapes, ce qui était assez rare en Perse.

Il ne fallait pas les louer en face; recalcitrabant undique tuti: c'était la coutume autrefois, mais c'était une mauvaise coutume qui exposait l'encenseur & l'encensé aux méchantes langues.

Le bon vieillard fut assez heureux pour que ces deux illustres Babiloniens daignassent lire sa Tragédie Persanne, *intitulée* les Scythes. Ils en furent assez contents. Ils dirent qu'avec le temps ce Campagnard pourrait se former ; qu'il y avait dans sa rapsodie du naturel & de l'extraordinaire, & même de l'intérêt ; & que pour peu qu'on corrigeât seulèment trois cents vers à chaque Acte, la Piece pourrait être à l'abri de la censure des mal-intentionnés. Mais les mal-intentionnés prirent la chose à la lettre.

Cette indulgence ragaillardit le bon homme, qui leur était bien respectueusement dévoué, & qui avait le cœur bon, quoiqu'il se permît de rire quelquefois aux dépens des méchants & des orgueilleux. Il prit la liberté de faire une Epitre dédicatoire à ses deux Patrons en grand style, qui endormit toute la Cour & toutes les Académies de Babilone, & que je n'ai jamais pu retrouver dans les Annales de la Perse.

PREFACE.

ON sait assez que chez des Nations polies & ingénieuses, dans de grandes Villes comme *Paris* & *Londres*, il faut absolument des Spectacles Dramatiques : on a peu besoin d'Elégies, d'Odes, d'Eglogues ; mais les Spectacles étant devenus nécessaires, toute Tragédie, quoique médiocre, porte son excuse avec elle, parcequ'on en peut donner quelques représentations au Public, qui se délasse par des nouveautés passageres, chefs-d'œuvres immortels dont il est rassasié.

La Piece qu'on présente ici aux Amateurs, peut du moins avoir un caractere de nouveauté, en ce qu'elle peint des mœurs qu'on n'avait point encore exposées sur le Théâtre tragique. *Brumoy* s'imaginoit, comme on l'a déja remarqué ailleurs, qu'on ne pouvait traiter que des sujets historiques. Il cherchait les raisons pour lesquelles les sujets d'invention n'avaient point réussi ; mais la véritable raison est que les Pieces de *Scuderi* & de *Bois-Robert*, qui sont dans ce goût, manquent en effet d'invention, & ne sont que des fables insipides, sans mœurs & sans caracteres. *Brumoy* ne pouvait deviner le génie.

Ce n'est pas assez, nous l'avouons, d'inventer un sujet dans lequel, sous des noms nouveaux, on traite des passions usées & des événements communs. *Omnia jam vulgata.* Il est vrai que les Spectateurs s'intéressent toujours pour une Amante abandonnée, pour une Mere dont on immole le Fils, pour un Héros aimable en danger, pour une grande passion malheureuse; mais s'il n'est rien de neuf dans ces peintures, les Auteurs alors ont le malheur de n'être regardés que comme des Imitateurs. La place de *Campistron* est triste; le Lecteur dit: Je connaissais tout cela, & je l'avais vu bien mieux exprimé.

Pour donner au Public un peu de ce neuf qu'il demande toujours, & que bientôt il sera impossible de trouver, un Amateur du Théâtre a été forcé de mettre sur la Scene l'ancienne Chevalerie, le contraste des *Mahométans* & des *Chrétiens*, celui des *Américains* & des *Espagnols*, celui des *Chinois* & des *Tartares*. Il a été forcé de joindre à des passions si souvent traitées, des mœurs que nous ne connaissions pas sur la Scene.

On hazarde aujourd'hui le tableau contrasté des anciens *Scythes*, & des anciens *Persans*, qui, peut-être, est la peinture de quelques Nations modernes. C'est une entreprise un peu téméraire d'introduire des Pasteurs, des Laboureurs avec des Princes, & de mêler les mœurs champêtres avec celles des Cours.

Mais enfin cette invention théâtrale (heureuse ou non) est puisée entièrement dans la Nature. On peut même rendre héroïque cette nature si simple; on peut faire parler des Pâtres guerriers & libres, avec une fierté qui s'é-

leve au-deſſus de la baſſeſſe que nous attri-
buons très injuſtement à leur état, pourvu
que cette fierté ne ſoit jamais bourſouflée; car
qui doit l'être? Le bourſouflé, l'empoulé ne
convient pas même à *Céſar.* Toute grandeur
doit être ſimple.

C'eſt ici en quelque ſorte l'état de nature,
mis en oppoſition avec l'état de l'homme arti-
ficiel, tel qu'il eſt dans les grandes Villes. On
peut enfin étaler, dans des cabanes, des ſen-
timents auſſi touchants que dans des palais.

On avait ſouvent traité en burleſque cette
oppoſition ſi frappante, des Citoyens des
grandes Villes avec les Habitants des Campagnes, tant le burleſque eſt aiſé, tant les choſes
ſe préſentent en ridicule à certaines Nations.

On trouve beaucoup de Peintres qui réuſſiſ-
ſent dans le groteſque, & peu dans le grand.
Un homme de beaucoup d'eſprit, & qui a un
nom dans la littérature, s'étant fait expliquer
le ſujet d'*Alzire*, qui n'avait pas encore été
repréſentée, dit à celui qui lui expoſait ce
plan: *J'entends, c'eſt Arlequin Sauvage.*

Il eſt certain qu'*Alzire* n'aurait pas réuſſi, ſi
l'effet théâtral n'avait convaincu les Spectateurs
que ces ſujets peuvent être auſſi propres à la
Tragédie, que les aventures des Héros les
plus connus & les plus impoſants.

La Tragédie des *Scythes* eſt un plan beaucoup plus hazardé. Qui voit-on paraître d'a-
bord ſur la Scene; Deux Vieillards auprès de
leurs cabanes, des Bergers, des Laboureurs.

De qui parle-t-on ? D'une fille qui prend soin de la vieilleſſe de ſon Pere, & qui fait le ſervice le plus pénible. Qui épouſe-t-elle ? Un Pâtre qui n'eſt jamais ſorti des champs paternels. Les deux Vieillards s'aſſeient ſur un banc de gazon. Mais que des Acteurs habiles pourraient faire valoir cette ſimplicité !

Ceux qui ſe connaiſſent en déclamation & en expreſſion de la Nature, ſentiront ſur-tout quel effet pourraient faire deux Vieillards dont l'un tremble pour ſon Fils, & l'autre pour ſon Gendre, dans le temps que le jeune Paſteur eſt aux priſes avec la mort ; un Pere affaibli par l'âge & par la crainte, qui chancelle, qui tombe ſur un ſiege de mouſſe, qui ſe releve avec peine, qui crie d'une voix entrecoupée qu'on coure aux armes, qu'on vole au ſecours de ſon Fils ; un ami éperdu qui partage ſes douleurs & ſa faibleſſe, qui l'aide d'une main tremblante à ſe relever : ce même Pere qui, dans ces moments de ſaiſiſſement & d'angoiſſe, apprend que ſon Fils eſt tué, & qui, le moment d'après, apprend que ſon Fils eſt vengé : ce ſont là, ſi je ne me trompe, de ces peintures vivantes & animées qu'on ne connaiſſait pas autrefois, & dont M. *le Kain* a donné des leçons terribles qu'on doit imiter déſormais.

C'eſt là le véritable art de l'Acteur. On ne ſavait guères auparavant que réciter proprement des Couplets, comme nos Maîtres de Muſique apprenaient à chanter proprement. Qui aurait oſé avant Mademoiſelle *Clairon* jouer dans *Oreste* la Scene de l'*Urne* comme elle l'a jouée? qui aurait imaginé de peindre ainsi la Nature, de tomber évanouïe tenant l'*Urne* d'une main, en laissant l'autre descendre immobile & sans vie? qui aurait osé, comme M. *le Kain*, sortir les bras ensanglantés du tombeau de *Ninus*, tandis que l'admirable Actrice qui représentait *Sémiramis*, se traînait mourante sur les marches du tombeau même? Voilà ce que les Petits Maîtres & les petites Maîtresses appellerent d'abord *des postures*, & ce que les Connaisseurs étonnés de la perfection inattendue de l'Art ont appellé des tableaux de *Michel Ange*. C'est là en effet la véritable action théatrale. Le reste était une conversation, quelquefois passionnée.

C'est dans ce grand art de parler aux yeux, qu'excelle le plus grand Acteur qu'ait jamais eu l'*Angleterre*, M. *Garrik*, qui a effrayé & attendri parmi nous ceux-mêmes qui ne savaient pas sa langue.

Cette magie a été fortement recommandée il y a quelques années, par un Philosophe, qui, à l'exemple d'*Aristote*, a su joindre aux Sciences abstraites, l'éloquence, la connaissance du cœur humain, & l'intelligence du théatre. Il a été en tout de l'avis de l'Auteur de *Sémiramis*, qui a toujours voulu qu'on animât la Scene par un plus grand appareil, par plus de pittoresque, par des mouvements plus passionnés qu'elle ne semblait en comporter auparavant. Ce Philosophe sensible a même propoſé des choſes que l'Auteur de *Sémiramis*, d'*Oreſte* & de *Tancrede*, n'oſerait jamais hazarder. C'eſt bien aſſez qu'il ait fait entendre les cris & les paroles de *Clitemneſtre* qu'on égorge derriere la Scene : paroles qu'une Actrice doit prononcer d'une voix auſſi terrible que douloureuſe, ſans quoi tout eſt manqué. Ces paroles faiſaient dans *Athenes* un effet prodigieux ; tout le monde frémiſſait, quand il entendait, *o teknon ! teknon ! Oikteiré ten tékouſan.* Ce n'eſt que par degrés qu'on peut accoutumer notre Théâtre à ce grand pathétique.

> Mais il eſt des objets que l'art judicieux
> Doit offrir a l'oreille, & reculer des yeux.

Souvenons-nous toujours qu'il ne faut pas pouſſer le terrible juſqu'à l'horrible. On peut effrayer la Nature, mais non pas la révolter & la dégoûter.

Gardons-nous ſur-tout de chercher dans un grand appareil, & dans un vain jeu de Théâtre, un ſupplément à l'intérêt & à l'éloquence. Il vaut cent fois mieux, ſans doute, ſavoir faire parler ſes Acteurs, que de ſe borner à les faire agir. Nous ne pouvons trop répéter que quatre beaux vers de ſentiment valent mieux que quarante belles attitudes. Malheur à qui croirait plaire par des pantomines, avec des ſoléciſmes ou avec des vers froids & durs, pires que toutes les fautes contre la langue. Il n'eſt rien de beau en aucun genre que ce qui ſoutient l'examen attentif de l'homme de goût.

L'appareil, l'action, le pittoresque font un grand effet sans doute : mais ne mettons jamais le bizarre & le gigantesque à la place de la nature, & le forcé à la place du simple ; que le Décorateur ne l'emporte point sur l'Auteur : car alors au lieu de Tragédies, on aurait la *rareté*, la *curiosité*.

La Piece qu'on soumet ici aux lumières des Connaisseurs est simple, mais très difficile à bien jouer ; on ne la donne point au Théâtre, parce qu'on ne la croit point assez bonne. D'ailleurs presque tous les rôles étant principaux, il faudrait un concert, & un jeu de théâtre parfait, pour faire supporter la piece à la représentation. Il y a plusieurs Tragédies dans ce cas, telles que *Brutus*, *Rome sauvée*, la *Mort de César*, qu'il est impossible de bien jouer dans l'état de médiocrité où on laisse tomber le théâtre, faute d'avoir des écoles de déclamation, comme il y en eut chez les *Grecs*, & chez les *Romains* leurs imitateurs.

Le concert unanime des Acteurs est très rare dans la Tragédie. Ceux qui font chargés des seconds rôles ne prennent jamais de part à l'action, ils craignent de contribuer à former un grand tableau, ils redoutent le parterre trop enclin à donner du ridicule à tout ce qui n'est pas d'usage. Très peu savent distinguer le familier du naturel. D'ailleurs, la misérable habitude de débiter des vers comme de la prose, de méconnaître le rhythme & l'harmonie, a presque anéanti l'art de la déclamation.

L'Auteur n'osant donc pas donner *les Scythes* au théâtre, ne présente cet ouvrage que comme une trèsfaible esquisse, que quelqu'un des jeunes gens qui s'élevent aujourd'hui pourra finir un jour.

On verra alors que tous les états de la vie humaine peuvent être représentés sur la Scene tragique, en observant toujours toutefois les bienséances sans lesquelles il n'y a point de vraies beautés chez les Nations policées, & sur-tout aux yeux des Cours éclairées.

Enfin, l'Auteur des *Scythes* s'est occupé pendant quarante ans du soin d'étendre la carriere de l'art. S'il n'y a pas réussi, il aura du moins dans sa vieillesse la consolation de voir son objet rempli par de jeunes gens qui marcheront d'un pas plus ferme que lui dans une route qu'il ne peut plus parcourir.

NB. *Les tirets — qu'on trouvera dans les vers, indiquent les pauses, les silences, les tons ou radoucis, ou élevés, ou douloureux, que l'Acteur doit employer, en cas que cette faible Tragédie soit jamais représentée.*

LES SCYTHES,

TRAGÉDIE.

ACTE PREMIER.

SCENE PREMIERE.

(Le théâtre repréfente un bocage & un berceau, avec un banc de gazon: on voit, dans le lointain, des campagnes & des cabannes.)

HERMODAN, INDATIRE, & deux Scythes couverts de peaux de tigres ou de lions.

HERMODAN.

Indatire, mon fils, quelle eſt donc cette audace ?
Qui font ces étrangers ? quelle infolente race
A franchi les fommets des rochers d'Immaüs ?

A

Apportent-ils la guerre aux rives de l'Oxus ?
Que viennent-ils chercher dans nos forêts tranquiles ?

INDATIRE.

Mes braves compagnons fortis de leurs aziles,
Avec rapidité se sont rejoints à moi,
Ainsi qu'on les voit tous s'attrouper sans effroi
Contre les fiers assauts des tigres d'Hircanie.
Notre troupe assemblée est faible, mais unie,
Instruite à défier le péril & la mort.
Elle marche aux Persans, elle avance ; & d'abord,
Sur un coursier superbe à nos yeux se présente
Un jeune homme entouré d'une pompe éclatante ;
L'or & les diamants brillent sur ses habits,
Son turban disparait sous les feux des rubis ;
Il voudrait, nous dit-il, parler à notre maître.
Nous le saluons tous, en lui faisant connaître
Que ce titre de maître, aux Persans si sacré,
Dans l'antique Scythie est un titre ignoré.

Nous sommes tous égaux sur ces rives si chères,
Sans rois & sans sujets, tous libres & tous frères.
Que veux tu dans ces lieux ? viens-tu pour nous traiter
En hommes, en amis, ou pour nous insulter ?

Alors il me répond, d'une voix douce & fière,
Que des Etats Persans visitant la frontière,
Il veut voir à loisir ce peuple si vanté
Pour ses antiques mœurs & pour sa liberté.
Nous avons avec joie entendu ce langage.
Mais j'observais pourtant je ne sais quel nuage,
L'empreinte des ennuis ou d'un dessein profond,
Et les sombres chagrins répandus sur son front.
Nous offrons cependant à sa troupe brillante,
Des hôtes de nos bois la dépouille sanglante,
Nos utiles toisons, tout ce qu'en nos climats
La nature indulgente a semé sous nos pas,

Mais sur-tout des carquois, des fléches, des armures,
Ornements des guerriers & nos seules parures.
Ils présentent alors, à nos regards surpris,
Des chefs-d'œuvre d'orgueil sans mesure & sans prix,
Instruments de mollesse, où, sous l'or & la soie,
Des inutiles arts tout l'effort se déploie.
Nous avons rejetté ces présens corrupteurs,
Trop étrangers pour nous, trop peu faits pour nos mœurs,
Superbes ennemis de la simple nature :
L'appareil des grandeurs au pauvre est une injure ;
Et recevant enfin des dons moins dangereux,
Dans notre pauvreté nous sommes plus grands qu'eux.
Nous leur donnons le droit de poursuivre en nos plaines,
Sur nos lacs, en nos bois, au bord de nos fontaines,
Les habitans des airs, de la terre & des eaux.
Contens de notre accueil, ils nous traitent d'égaux.
Enfin, nous nous jurons une amitié sincère.
Ce jour, n'en doutez point, nous est un jour prospère.
Ils pourront voir nos jeux & nos solemnités,
Les charmes d'Obéïde & mes félicités.

HERMODAN.

Ainsi donc, mon cher fils, jusqu'en notre contrée,
La Perse est triomphante ; Obéïde adorée,
Par un charme invincible a subjugué tes sens !
Cet objet, tu le sais, naquit chez les Persans.

INDATIRE.

On le dit; mais qu'importe où le ciel la fit naître !

HERMODAN.

Son père jusqu'ici ne s'est point fait connaître ;
Depuis quatre ans entiers qu'il goûte dans ces lieux
La liberté, la paix que nous donnent les Dieux,
Malgré notre amitié, j'ignore quel orage

A ij

Tranfplanta fa famille en ce défert fauvage.
Mais dans fes entretiens j'ai fouvent démêlé
Que d'une cour ingrate il était exilé.
Il eft perfécuté : la vertu malheureufe
Devient plus refpectable, & m'eft plus précieufe.
Je vois avec plaifir que du fein des honneurs,
Il s'eft foumis fans peine à nos loix, à nos mœurs,
Quoiqu'il foit dans un âge où l'ame la plus pure
Peut rarement changer le pli de la nature.

INDATIRE.

Son adorable fille eft encor au deffus,
De fon fexe & du nôtre elle unit les vertus.
Courageufe & modefte? elle eft belle, & l'ignore.
Sans doute elle eft d'un rang que chez elle on honore.
Son ame eft noble au moins; car elle eft fans orgueil.
Simple dans fes difcours, affable en fon accueil.
Sans aviliffement à tout elle s'abaiffe;
D'un père infortuné foulage la vieilleffe,
Le confole, le fert, & craint d'appercevoir
Qu'elle va quelquefois par-delà fon devoir.
On la voit fupporter la fatigue obftinée
Pour laquelle on fent trop qu'elle n'était point née.
Elle brille fur-tout dans nos champêtres jeux,
Nobles amufemens d'un peuple belliqueux.
Elle eft de nos beautés l'amour & le modele;
Le ciel la récompenfe en la rendant plus belle.

HERMODAN.

Oui, je la crois, mon fils, digne de tant d'amour.
Mais, d'où vient que fon père admis dans ce féjour,
Plus formé qu'elle encor aux ufages des Scythes,
Adorateur des loix que nos mœurs ont prefcrites,
Notre ami, notre frère en nos cœurs adopté,
Jamais de fon deftin n'a rien manifefté!
Sur fon rang, fur les fiens pourquoi fe taire encore?

Rougit-on de parler de ce qui nous honore?
Et puis-je abandonner ton cœur trop prévenu
Au sang d'un étranger qui craint d'être connu?

I N D A T I R E.

Quel qu'il soit, il est libre, il est juste, intrépide,
Il m'aime, il est enfin le père d'Obéïde.

H E R M O D A N.

Que je lui parle au moins.

S C E N E I I.

HERMODAN, INDATIRE, SOZAME.

I N D A T I R E.

O vieillard généreux!
O cher concitoyen de nos pâtres heureux!
Les Persans en ce jour venus dans la Scythie,
Seront donc les témoins du saint nœud qui nous lie!
Je tiendrai de tes mains un don plus précieux
Que le trône où Cyrus se crut égal aux Dieux.
J'en atteste les miens, & le jour qui m'éclaire,
Mon cœur se donne à toi, comme il est à mon père;
Je te sers comme lui.   Quoi, tu verses des pleurs!

S O Z A M E.

J'en verse de tendresse; & si dans mes malheurs
Cette heureuse alliance, où mon bonheur se fonde,
Guérit d'un cœur flétri la blessure profonde,
La cicatrice en reste; & les biens les plus chers
Rappellent quelquefois les maux qu'on a soufferts.

A iij

INDATIRE.

J'ignore tes chagrins, ta vertu m'eſt connue;
Qui peut donc t'affliger? ma candeur ingénue
Mérite que ton cœur au mien daigne s'ouvrir.

HERMODAN.

A la tendre amitié tu peux tout découvrir,
Tu le dois.

SOZAME.

O mon fils! ô mon cher Indatire!
Ma fille eſt, je le ſais, ſoumiſe à mon empire;
Elle eſt l'unique bien que les Dieux m'ont laiſſé.
J'ai voulu cet himen, je l'ai déjà preſſé;
Je ne la gêne point ſous la loi paternelle;
Son choix ou ſon refus, tout doit dépendre d'elle.
Que ton père aujourd'hui pour former ce lien,
Traite ſon digne ſang comme je fais le mien;
Et que la liberté de ta ſage contrée
Préſide à l'union que j'ai tant deſirée.
Avec ce digne ami laiſſe-moi m'expliquer:
Va, ma bouche jamais ne pourra révoquer
L'arrêt qu'en ta faveur aura porté ma fille.
Va, cher & noble eſpoir de ma triſte famille;
Mon fils, obtien ſes vœux; je te réponds des miens.

INDATIRE.

J'embraſſe tes genoux, & je revole aux ſiens.

SCENE III.

HERMODAN, SOZAME.

SOZAME.

Ami, reposons-nous sur ce siege sauvage,
Sous ce dais qu'ont formé la mousse & le feuillage,
La nature nous l'offre ; & je hais dès long-tems
Ceux que l'art a tissus dans les palais des grands.

HERMODAN.

Tu fus donc grand en Perse ?

SOZAME.

Il est vrai.

HERMODAN.

Ton silence
M'a privé trop long-tems de cette confidence.
Je ne hais point les grands. J'en ai vu quelquefois
Qu'un desir curieux attira dans nos bois :
J'aimai de ces Persans les mœurs nobles & fières.
Je sais que les humains sont nés égaux & frères ;
Mais je n'ignore pas que l'on doit respecter
Ceux qu'en exemple au peuple un roi veut présenter :
Et la simplicité de notre république
N'est point une leçon pour l'état monarchique.
Craignais-tu qu'un ami te fût moins attaché ?
Croi-moi, tu t'abusais.

SOZAME.

Si je t'ai tant caché
A iv

Mes honneurs, mes chagrins, ma chûte, ma misère,
La source de mes maux ; pardonne au cœur d'un père.
J'ai tout perdu ; ma fille est ici sans appui ;
Et j'ai craint que le crime , & la honte d'autrui
Ne réjaillît sur elle & ne flétrît sa gloire.
Appren d'elle & de moi la malheureuse histoire.

HERMODAN. *(Ils s'asseyent tous deux.)*

Sèche tes pleurs, & parle.

S O Z A M E.

Appren que sous Cyrus
Je portai la terreur aux peuples éperdus.
Ivre de cette gloire, à qui l'on sacrifie,
C'est moi de qui la main subjugua l'Hircanie,
Pays libre autrefois.

H E R M O D A N.

Il est bien malheureux.
Il fut libre.

S O Z A M E.

Ah ! crois-moi, tous ces exploits affreux,
Ce grand art d'oprimer trop indigne du brave,
D'être esclave d'un Roi pour faire un peuple esclave,
De ramper par fierté pour se faire obéir,
M'ont égaré longtems & font mon repentir.
Enfin, Cyrus sur moi répandant ses largesses,
M'orna de dignités, me combla de richesses.
A ses conseils secrets je fus associé.
Mon protecteur mourut ; & je fus oublié.
J'abandonnai Cambyse, illustre téméraire,
Indigne successeur de son auguste père.
Ecbatane, du Mède autrefois le séjour,
Cacha mes cheveux blancs à sa nouvelle cour.

Mais fon frere Smerdis gouvernant la Médie,
Smerdis de la vertu perfécuteur impie,
De mes jours honorés empoifonna la fin.
Un enfant de fa fœur, un jeune homme fans frein,
Généreux, il eft vrai, vaillant, peut-être aimable,
Mais dans fes paffions caractère indomptable,
Méprifant fon époufe en poffédant fon cœur,
Pour la jeune Obéïde épris avec fureur,
Prétendit m'arracher, en maître defpotique,
Ce foutien de mon âge & mon efpoir unique.
Athamare eft fon nom ; fa criminelle ardeur
M'entraînait au tombeau couvert de deshonneur.

HERMODAN.

As-tu par fon trépas repouffé cet outrage?

SOZAME.

J'ofai l'en menacer. Ma fille eut le courage
De me forcer à fuir les tranfports violens
D'un efprit indomptable en fes emportemens.
De fa mère, en ce tems, les Dieux l'avaient privée.
Par moi feul à ce Prince elle fut enlevée.
Les dignes courtifans de l'infâme Smerdis,
Monftres, par ma retraite à parler enhardis,
Employèrent bientôt leurs armes ordinaires,
Le grand art de tromper en paraiffant fincères ;
Ils feignaient de me plaindre en ofant m'accufer,
Et me cachaient la main qui favait m'écrafer.
C'eft un crime en Médie, ainfi qu'à Babilone,
D'ofer parler en homme à l'héritier du trône....

HERMODAN.

O de la fervitude effets aviliffans !
Quoi! la plainte eft un crime à la cour des Perfans!

SOZAME.

Le premier de l'Etat, quand il a pu déplaire,
S'il est persécuté, doit souffrir & se taire.

HERMODAN.

Comment recherchas-tu cette basse grandeur?

SOZAME. (*Les deux vieillards se levent.*)

Ce souvenir honteux souleve encor mon cœur.
Ami, tout ce que peut l'adroite calomnie,
Pour m'arracher l'honneur, la fortune & la vie,
Tout fut tenté par eux, & tout leur réussit.
Smerdis proscrit ma tête; on partage, on ravit
Mes emplois & mes biens le prix de mon service.
Ma fille en fait sans peine un noble sacrifice,
Ne voit plus que son père, & subissant son sort
Accompagne ma fuite & s'expose à la mort.
Nous partons, nous marchons de montagne en abime
Du Taurus escarpé nous franchissons la cîme.
Bientôt dans vos forets, grace au ciel, parvenu,
J'y trouvai le repos qui m'était inconnu.
J'y voudrais être né. Tout mon regret, mon frère,
Est d'avoir parcouru ma fatale carriére
Dans les camps, dans les cours, à la suite des Rois,
Loin des seuls citoyens gouvernés par les loix.
Mais je sens que ma fille aux déserts enterrée,
Du faste des grandeurs autrefois entourée,
Dans le secret du cœur pourrait entretenir
De ses honneurs passés l'importun souvenir.
J'ai peur que la raison, l'amitié filiale
Combattent faiblement l'illusion fatale
Dont le charme trompeur a fasciné toujours
Des yeux accoutumés à la pompe des cours.
Voilà ce qui tantôt rappellant mes allarmes,
A rouvert un moment la source de mes larmes.

HERMODAN.

Que peux-tu craindre ici? qu'a-t-elle à regretter?
Nous valons pour le moins ce qu'elle a fû quitter;
Elle eft libre avec nous, applaudie, honorée;
Jamais de triftes foins fa paix n'eft altérée.
La franchife qui règne en notre heureux féjour.
Fait méprifer les fers & l'orgueil de ta cour.

SOZAME.

Je mourrais trop content fi ma chère Obéïde
Haïflait comme moi cette cour fi perfide.
Mais j'exige de toi que ta tendre amitié
Me garde le fecret que je t'ai confié.
Ne révèle jamais mes grandeurs éclipfées,
Ni mes foupçons préfens, ni mes douleurs paffées:
Cache-les à ton fils; & que de fes amours
Mes chagrins inquiets n'altèrent point le cours.

HERMODAN.

Va, je te le promets; mais appren qu'on devine
Daus ces ruftiques lieux ton illuftre origine.
Tu n'en ès pas moins cher à nos fimples efprits.
Je tairai tout le refte & furtout à mon fils;
Il s'en allarmerait.

SCENE IV.

HERMODAN, SOZAME, INDATIRE.

INDATIRE.

Obéïde fe donne;
Obéïde eft à moi, fi ta bonté l'ordonne,

Si mon père y souscrit.

SOZAME.

Nous l'approuvons tous deux.
Notre bonheur, mon fils, est de te voir heureux.
Cher ami, ce grand jour renouvelle ma vie,
Il me fait Citoyen de ta noble patrie.

SCENE V.

SOZAME, HERMODAN, INDATIRE, un SCYTHE.

LE SCYTHE.

Respectables vieillards, sachez que nos hameaux
Seront bientôt remplis de nos hôtes nouveaux.
Leur chef est empressé de voir dans la Scythie
Un guerrier qu'il connut aux champs de la Médie.
Il nous demande à tous en quels lieux est caché
Ce vieillard malheureux qu'il a longtems cherché.

HERMODAN (à Sozame.)

O ciel! jusqu'en mes bras il viendrait te poursuivre!

INDATIRE.

Lui poursuivre Sozame! il cesserait de vivre.

LE SCYTHE.

Ce généreux Persan ne vient point défier
Un peuple de pasteurs innocent & guerrier.
Il paraît accablé d'une douleur profonde.
Peut-être est ce un banni qui se dérobe au monde,

Un illustre exilé, qui dans nos régions
Fuit une cour féconde en révolutions.
Nos pères en ont vû, qui loin de ces naufrages,
Rassasiés de trouble, & fatigués d'orages,
Préféraient de nos mœurs la grossière âpreté
Aux attentats commis avec urbanité.
Celui-ci paraît fier, mais sensible, mais tendre;
Il veut cacher les pleurs que je l'ai vû répandre.

H E R M O D A N (à *Sozame.*)

Ces pleurs me sont suspects, ainsi que ses présens.
Pardonne à mes soupçons, mais je crains les Persans.
Ces esclaves brillans veulent au moins séduire.
Peut-être c'est à toi qu'on cherche encor à nuire.
Peut-être ton tyran, par ta fuite trompé,
Demande ici ton sang à sa rage échappé.
D'un Prince quelquefois le malheureux Ministre
Pleure en obéissant à son ordre sinistre.

S O Z A M E.

Oubliant tous les Rois dans ces heureux climats,
Je suis oublié d'eux, & je ne les crains pas.

I N D A T I R E (à *Sozame.*)

Nous mourrions à tes pieds, avant qu'un téméraire
Pût manquer seulement de respect à mon père.

L E   S C Y T H E.

S'il vient pour te trahir, va, nous l'en punirons.
Si c'est un exilé, nous le protégerons.

I N D A T I R E.

Ouvrons en paix nos cœurs à la pure allégresse.
Que nous fait d'un Persan la joie ou la tristesse?

Et qui peut chez le Scythe envoyer la terreur?
Ce mot honteux de crainte a révolté mon cœur.
Mon père, mes amis, daignez de vos mains pures
Préparer cet autel redouté des parjures,
Ces festons, ces flambeaux, ces gages de ma foi.

(à Sozame.)

Viens offrir cette main, qui combattra pour toi,
Cette main trop heureuse à ta fille promise,
Terrible aux ennemis, à toi toûjours soumise.

ACTE II.

SCENE PREMIERE.

OBEIDE, SULMA.

SULMA.

Vous y résolvez-vous?

OBÉÏDE.

Oui j'aurai le courage
D'ensevelir mes jours en ce defert fauvage.
On ne me verra point, laffe d'un long effort,
D'un père inébranlable attendre ici la mort,
Pour aller dans les murs de l'ingrate Ecbatane
Effayer d'adoucir la loi qui le condamne,
Pour aller recueillir des débris difperfés
Que tant d'avides mains ont en foule amaffés.
Quand fa fuite en ces lieux fut par lui méditée
Ma jeuneffe peut-être en fut épouvantée,
Mais j'eus honte bientôt de ce fecret retour,
Qui rappellait mon cœur à mon premier féjour.
J'ai fans doute à ce cœur fait trop de violence
Pour démentir jamais tant de perféverance.
Je me fuis fait enfin dans ces groffiers climats
Un efprit & des mœurs que je n'efpérais pas
Ce n'eft plus Obéïde à la cour adorée,
D'efclaves couronnés à toute heure entourée;
Tous ces grands de la Perfe à ma porte rampans
Ne viennent plus flatter l'orgueil de mes beaux ans,
D'un peuple induftrieux les talens mercenaires

De mon goût dédaigneux ne font plus tributaires,
J'ai pris un nouvel être; & s'il m'en a couté
Pour fubir le travail avec la pauvreté,
La gloire de me vaincre & d'imiter mon père,
En m'en donnant la force eft mon noble falaire.

SULMA.

Votre rare vertu paffe votre malheur;
Dans votre abaiffement je vois votre grandeur.
Je vous admire en tout; mais le cœur eft-il maître
De n'aimer pas les lieux où le ciel nous fit naître?
La nature a fes droits; fes bienfaifantes mains
Ont mis ce fentiment dans les faibles humains.
On fouffre en fa patrie, elle peut nous déplaire,
Mais quand on l'a perdue, alors elle eft bien chère.

OBÉÏDE.

Le ciel m'en donne une autre & je la dois chérir,
La fuporter du moins, y languir, y mourir,
Telle eft ma deftinée. — hélas! tu l'as fuivie,
Tu quittas tout pour moi, tu confoles ma vie
Mais je ferais barbare en t'ofant propofer
De porter ce fardeau, qui commence à péfer:
Dans les lâches parents, qui m'ont abandonnée,
Tu trouveras peut-être une ame affez bien née,
Compatiffante affez pour acquitter vers toi
Ce que le fort m'enlève, & ce que je te dois.
D'une pitié bien jufte elle fera frappée,
En voyant de mes pleurs une lettre trempée.
Pars, ma chère Sulma; revoi, fi tu le veux,
La fuperbe Ecbatane & fes peuples heureux.
Laiffe dans ces déferts ta fidèle Obéïde.

SULMA.

Ah! que la mort plutôt frape cette perfide,

Si jamais je conçois le criminel deffein
De chercher loin de vous un bonheur incertain!
J'ai vécu pour vous feule ; & votre deftinée
Jufques à mon tombeau tient la mienne enchaînée.
Mais je vous l'avoûrai, ce n'eft pas fans horreur
Que je vois tant d'apas, de gloire, de grandeur,
D'un foldat de Scythie être ici le partage.

OBEIDE.

Après mon infortune, après l'indigne outrage
Qu'a fait à ma famille, à mon âge, à mon nom,
De l'immortel Cyrus un fatal rejetton;
De la cour à jamais lorfque tout me fépare,
Quand je dois tant haïr ce funefte Athamare,
Sans état, fans patrie, inconnuë en ces lieux,
Tous les humains, Sulma, font égaux à mes yeux;
Tout m'eft indifférent !

SULMA.

       Ah ! contrainte inutile !
Eft-ce avec des fanglots qu'on montre un cœur tran-
                      (quile?

OBEIDE.

Hélas! veux-tu m'ôter, en croyant m'éblouir,
Ce malheureux repos, dont je cherche à jouir!
Au parti que je prends je me fuis condamnée,
Va, fi j'aime en fecret les lieux où je fuis née,
Mon cœur doit s'en punir ; il fe doit impofer
Un frein qui le retienne & qu'il n'ofe brifer,
N'en demande pas plus — mon père veut un gendre;
Il ne commande point, mais je fais trop l'entendre.
Le fils de fon ami doit être préféré.

SULMA.

Votre choix eft donc fait !

OBEIDE.

         Tu vois l'autel facré (*)

(*) De jeunes filles dreffent un autel au fond du théâtre.

B

Que préparent déja mes compagnes heureuses,
Ignorant de l'himen les chaînes dangereuses,
Tranquilles, sans regrets, sans cruel souvenir.

SULMA.

D'où vient qu'à cet aspect vous paraissez frémir?

_____

SCENE II.

OBEIDE, SULMA, INDATIRE.

INDATIRE.

Cet autel me rappelle à ces forêts si chères;
Tu conduis tous mes pas, je devance nos pères.
Je veux lire en tes yeux, entendre de ta voix,
Que ton heureux époux est nommé par ton choix:
L'himen est parmi nous le nœud que la nature
Forme entre deux amants de sa main libre & pure.
Chez les Persans, dit-on, l'intérêt odieux,
Les folles vanités, l'orgueil ambitieux,
De cent bizares loix la contrainte importune,
Soumettent tristement l'amour à la fortune.
Ici le cœur fait tout, ici l'on vit pour soi;
D'un mercénaire himen on ignore la loi,
On fait sa destinée. Une fille guerrière
De son guerrier chéri court la noble carrière,
Elle aime à partager ses travaux & son sort,
L'accompagne aux combats, & sait venger sa mort.
Préfères-tu nos mœurs aux mœurs de ton empire?
La sincère Obéide aime-t-elle Indatire?

OBEIDE.

Je connais tes vertus, j'estime ta valeur,
Et de ton cœur ouvert la naïve candeur;

Je te l'ai déja dit, je l'ai dit à mon père ;
Et son choix & le mien doivent te satisfaire.

INDATIRE.

Non, tu sembles parler un langage étranger ;
Et même en m'approuvant, tu viens de m'affliger
Dans les murs d'Ecbatane est-ce ainsi qu'on s'explique ?
Obéïde, est-il vrai qu'un astre tirannique
Dans cette ville immense à pû te mettre au jour ?
Est-il vrai que tes yeux brillèrent à la cour,
Et que l'on t'éleva dans ce riche esclavage,
Dont à peine en ces lieux nous concevons l'image ?
Di-moi, chère Obéïde, aurais-je le malheur
Que le ciel t'eût fait naître au sein de la grandeur ?

OBEIDE.

Ce n'est point ton malheur, c'est le mien.—Ma mémoire
Ne me retrace plus cette trompeuse gloire.
Je l'oublie à jamais.

INDATIRE.

                        Plus ton cœur adoré
En perd le souvenir, plus je m'en souviendrai.
Vois-tu d'un œil content cet appareil rustique,
Le monument heureux de notre culte antique,
Où nos pères bientôt recevront les serments
Dont nos cœurs & nos Dieux sont les sacrés garants ?
Obéïde, il n'a rien de la pompe inutile
Qui fatigue ces Dieux dans ta superbe ville.
Il n'a pour ornement que des tissus de fleurs,
Présents de la nature, images de nos cœurs.

OBEIDE.

Va, je crois que des cieux le grand & juste maître
                                        B ij

Préfère ce saint culte, & cet autel champêtre,
A nos temples fameux que l'orgueil a bât's.
Les Dieux qu'on y fait d'or y font bien mal servis.

INDATIRE.

Sais-tu que ces Persans, venus sur ces rivages,
Veulent voir notre fête & nos riants bocages?
Par la main des vertus ils nous verront unis.

OBEIDE.

Les Persans !—— que dis-tu! —— les Persans!

INDATIRE.

Tu frémis.
Quelle pâleur, ô ciel! sur ton front répandue!
Des esclaves d'un roi peux-tu craindre la vue?

OBEIDE.

Ah! ma chère Sulma !

SULMA.

Votre père & le sien
Viennent former ici votre éternel lien!

INDATIRE.

Nos parents, nos amis, tes compagnes fidelles,
Viennent tous consacrer nos fêtes solemnelles.

OBEIDE (à Sulma.)

Allons, —— je l'ai voulu.

SCENE III.

OBEÏDE, SULMA, INDATIRE, SO-ZAME, HERMODAN. *Des Filles cou-ronnées de fleurs, & des Scythes sans armes font un demi-cercle autour de l'autel.*

HERMODAN.

Voici l'autel sacré,
L'autel de la nature à l'amour préparé,
Où je fis mes ferments, où jurèrent nos pères.

(*à Obeïde.*)

Nous n'avons point ici de plus pompeux mistères;
Notre culte, Obéïde, est simple comme vous.

SOZAME (*à Obéïde.*)

De la main de ton père accepte ton époux.

(*Obéïde & Indatire mettent la main sur l'autel.*)

INDATIRE.

Je jure à ma patrie, à mon père, à moi-même,
A nos Dieux éternels, à cet objet que j'aime,
De l'aimer encor plus quand cet heureux moment
Aura mis Obéïde aux mains de son amant;
Et toujours plus épris, & toujours plus fidelle,
De vivre, de combattre, & de mourir pour elle.

OBEIDE.

Je me soumets, grands Dieux, à vos augustes loix,
B iij

Je jure d'être à lui. — Ciel ! qu'est-ce que je vois !

(Ici Athamare & des Persans paraissent dans le fond.)

SULMA.

Ah! Madame.

OBEIDE.

Je meurs, qu'on m'emporte.

INDATIRE.

Ah! Sozame,
Quelle terreur subite a donc frappé son ame ?
Compagnes d'Obéïde, allons à son secours.

(Les femmes Scythes sortent avec Indatire.)

SCENE IV.

SOZAME, HERMODAN, ATHAMARE, HIRCAN, Scythes.

SOZAME.

Scythes, demeurez tous.... Voici donc de mes jours
Le jour le plus étrange & le plus effroyable.

(Athamare avance avec deux suivans.)

Athamare, est-ce toi ? quel sort impitoyable
T'a conduit dans des lieux de retraite & de paix ?
Tu dois être content des maux que tu m'as faits.
Ton indigne monarque avait proscrit ma tête ;
Viens tu la demander ? malheureux, elle est prête ;
Mais tremble pour la tienne. Apprens que tu te vois

Chez un peuple équitable & redouté des rois.
Je demeure étonné de l'audace inouïe
Qui t'amène si loin pour hasarder ta vie.

ATHAMARE.

Peuple juste, écoutez ; je m'en remets à vous.
Le neveu de Cyrus vous fait juge entre nous.
Apprenez que dans moi vous voyez un coupable ;
Vous voyez dans Sozame un vieillard vénérable
Qui soutint autrefois de ses vaillantes mains
Le pouvoir dont Cyrus effraya les humains.
Quand Smerdis a régné, ma fougueuse jeunesse,
A du brave Sozame affligé la vieillesse.
Smerdis l'a dépouillé de ses biens, de son rang.
Une sentence inique a poursuivi son sang.
Ce Prince est chez les morts ; & la première idée
Dont après son trépas mon ame est possédée,
Est de rendre justice à cet infortuné.
Oui, Sozame, à tes pieds les Dieux m'ont amené
Pour expier ma faute hélas trop pardonnable ;
La suite en fut terrible, inhumaine, exécrable ;
Elle accabla mon cœur ; il la faut réparer.
Dans tes honneurs passés daigne à la fin rentrer.
Je partage avec toi mes trésors, ma puissance ;
Ecbatane est du moins sous mon obéissance ;
C'est tout ce qui demeure aux enfans de Cyrus ;
Tout le reste a subi les loix de Darius.
Mais je suis assez grand, si ton cœur me pardonne.
Ton amitié, Sozame, ajoute à ma couronne.
Approuve mes regrets, mon repentir, mes vœux.
L'objet de mes remords est de te rendre heureux.
Renonce à tes déserts, & revoi ta patrie ;
Ecoute en ta faveur ton Prince qui te prie,
Qui met à tes genoux sa faute & ses douleurs,
Et qui s'honore encor de les baigner de pleurs.

B iv

HERMODAN.

Je me sens attendri d'un spectacle si rare.

SOZAME.

Tu ne me séduis point, malheureux Athamare.
Si le repentir seul avait pu t'amener,
Malgré tous mes affronts je pourrais pardonner.
Tu sais quel est mon cœur; il n'est point infléxible.
Mais je lis dans le tien; je le connais sensible.
Je vois trop les chagrins dont il est désolé:
Et ce n'est pas pour moi que tes pleurs ont coulé.
Il n'est plus tems; adieu. Les champs de la Scythie
Me verront achever ma languissante vie.
Retourne en tes états où tu devais rester;
Abandonne un objet qui te les fit quitter.
Tu m'entens, il suffit. Va, pars, & rend moi grace
De ne pas révéler ton imprudente audace.
Ami, courons chercher & ma fille & ton fils.

HERMODAN.

Vien, redoublons les nœuds qui nous ont tous unis.

SCENE V.

ATHAMARE, HIRCAN.

ATHAMARE.

JE demeure immobile. O ciel! ô destinée!
O passion fatale à me perdre obstinée!
Il n'est plus tems, dit-il: il a pu sans pitié
Souffrir à ses genoux son maître humilié.
Ami, quand nous percions cette horde assemblée,

J'ai vu près de l'autel une femme voilée,
Qu'on a soudain souftraite à mon œil égaré.
Quel eft donc cet autel de guirlandes paré?
Quelle était cette fète en ces lieux ordonnée?
Pour qui brulaient ici les flambeaux d'himenée?
Ciel! quel tems je prenais! à cet afpect d'horreur
Mes remors douloureux fe changent en fureur.
Grands Dieux, s'il était vrai!

HIRCAN.

                    Dans les lieux où vous êtes
Gardez-vous d'écouter ces fureurs indifcrètes.
Refpectez, croyez-moi, les modeftes foyers
D'agreftes habitans, mais de vaillants guerriers,
Qui fans ambition, comme fans avarice,
Obfervateurs zèlés de l'exacte juftice,
Ont mis leur feule gloire en leur égalité,
De qui vos grandeurs même irritent la fierté.
N'allez point allarmer leur noble indépendance;
Ils favent la défendre; ils aiment la vengeance;
Ils ne pardonnent point quand ils font offenfés.

ATHAMARE.

Tu t'abufes, ami; je les connais affez;
J'en ai vu dans nos camps, j'en ai vu dans nos villes,
De ces Scythes altiers, à nos ordres dociles,
Qui briguaient, en vantant leurs ftériles climats,
L'honneur d'être comptés aux rangs de nos foldats.

HIRCAN.

Mais, fouverains chez eux. . . . .

ATHAMARE.

                    Ah! c'eft trop contredire
Le dépit qui me ronge & l'amour qui m'infpire.

Ma paſſion m'emporte & ne raiſonne pas.
Si j'euſſe été prudent, ſerais-je en leurs états!
Au bout de l'univers Obéïde m'entraîne;
Son eſclave échapé lui raporte ſa chaîne,
Pour l'enchaîner moi-même au ſort qui me pourſuit,
Pour l'arracher des lieux où ſa douleur me fuit,
Pour la ſauver enfin de l'indigne eſclavage
Qu'un malheureux vieillard impoſe à ſon jeune âge;
Pour mourir à ſes pieds d'amour & de fureur,
Si ce cœur déchiré ne peut fléchir ſon cœur.

HIRCAN.

Mais ſi vous écoutiez. . . . .

ATHAMARE.

Non — je n'écoute qu'elle.

HIRCAN.

Attendez.

ATHAMARE.

Que j'attende? & que de la cruelle
Quelque rival indigne à mes yeux poſſeſſeur,
Inſulte mon amour, outrage mon honneur!
Que du bien qu'il m'arrache il ſoit en paix le maître!
Mais trop tôt, cher ami, je m'allarme peut-être.
Son père à ce vil choix pourra-t-il la forcer?
Entre un Scythe & ſon maître a-t-elle à balancer?
Dans ſon cœur autrefois j'ai vu trop de nobleſſe,
Pour croire qu'à ce point ſon orgueil ſe rabaiſſe.

HIRCAN.

Mais ſi dans ce choix même elle eût mis ſa fierté!

ATHAMARE.

De ce doute offenſant je ſuis trop irrité.

Allons : fi mes remords n'ont pu fléchir fon père,
S'il méprife mes pleurs, —— qu'il craigne ma colère.
Je fais qu'un Prince eft homme, & qu'il peut s'égarer.
Mais lorfqu'au repentir facile à fe livrer,
Reconnaiffant fa faute & s'oubliant foi-même,
Il va jufqu'à flétrir l'honneur du rang fuprême,
Quand il répare tout, il faut fe fouvenir
Que s'il demande grace, il la doit obtenir.

ACTE III.

SCENE PREMIERE.

ATHAMARE, HIRCAN.

ATHAMARE.

Quoi! c'était Obéïde! ah! j'ai tout pressenti,
Mon cœur désespéré m'avait trop averti.
C'était elle grands Dieux!

HIRCAN.

Ses compagnes tremblantes
Rappellaient ses esprits sur ses lèvres mourantes....

ATHAMARE.

Elle était en danger? Obéïde!

HIRCAN.

Oui, Seigneur;
Et ranimant à peine un reste de chaleur,
Dans ces cruels moments, d'une voix affaiblie,
Sa bouche a prononcé le nom de la Médie.
Un Scythe me l'a dit; un Scythe qu'autrefois
La Médie avait vu combattre sous nos loix.
Son père & son époux sont encor auprès d'elle.

ATHAMARE.

Qui! fon époux, un Scythe!

HIRCAN.

Et quoi, cette nouvelle
A votre oreille encor, Seigneur, n'a pu voler!

ATHAMARE.

Eh! qui des miens, hors toi, m'ofe jamais parler?
De mes honteux fecrets quel autre a pu s'inftruire?
Son époux me dis-tu?

HIRCAN.

Le vaillant Indatire,
Jeune, & de ces cantons l'efpérance & l'honneur,
Lui jurait ici même une éternelle ardeur,
Sous ces mêmes cyprès, à cet autel champêtre,
Aux clartés des flambeaux que j'ai vu difparaître.
Vous n'étiez pas encor arrivé vers l'autel,
Qu'un long treffaillement fuivi d'un froid mortel
A fermé les beaux yeux d'Obéïde oppreffée.
Des filles de Scythie une foule empreffée
La portait en pleurant fous ces ruftiques toits,
Afyle malheureux dont fon père a fait choix.
Ce vieillard la fuivait d'une démarche lente,
Sous le fardeau des ans affaiblie & pefante,
Quand vous avez fur vous attiré fes regards.

ATHAMARE.

Mon cœur, à ce récit, ouvert de toutes parts,
De tant d'impreffions fent l'atteinte fubite;
Dans fes derniers replis un tel combat s'excite,
Que fur aucun parti je ne puis me fixer;
Et je démêle mal ce que je peux penfer.

Mais d'où vient qu'en ce temple Obéide rendue,
En touchant cet autel est tombée éperdue?
Parmi tous ces pasteurs elle aura d'un coup d'œil
Reconnu des Persans le fastueux orgueil.
Ma présence à ses yeux a montré tous mes crimes,
Mes amours emportés, mes feux illégitimes,
A l'affreuse indigence un père abandonné,
Par un monarque injuste à la mort condamné,
Sa fuite, son séjour en ce païs sauvage,
Cette foule de maux qui sont tous mon ouvrage.
Elle aura rassemblé ces objets de terreur;
Elle imite son père, & je lui fais horreur.

H I R C A N.

Un tel saisissement, ce trouble involontaire
Pouraient-ils annoncer la haine & la colère?
Les soupirs, croyez-moi, sont la voix des douleurs
Et les yeux irrités ne versent point de pleurs.

A T H A M A R E.

Ah! lorsqu'elle m'a vu, si son ame surprise
D'une ombre de pitié s'était au moins éprise,
Si lisant dans mon cœur, son cœur eût éprouvé
Un tumulte secret faiblement élevé! —
Hélas! s'il était vrai! tu me flattes peut-être.
Ami, tu prends pitié des erreurs de ton maître:
Qu'ai-je fait, que ferai-je! & quel sera mon fort?
Mon aspect en tout temps lui porta donc la mort!
Mais, dis-tu, dans le mal qui menaçait sa vie,
Sa bouche a prononcé le nom de sa patrie!

H I R C A N.

Elle l'aime sans doute.

A T H A M A R E.

Ah! pour me secour

C'eſt une arme du moins qu'elle daigne m'offrir.
Elle aime ſa patrie — elle épouſe Indatire ! —
Va, l'honneur dangereux où le barbare aſpire
Lui coutera bientôt un ſanglant repentir.
C'eſt un crime trop grand pour ne le pas punir.

H I R C A N.

Penſez-vous être encor dans les murs d'Ecbatane ?
Là votre voix décide, elle abſout ou condamne.
Ici vous péririez : vous êtes dans des lieux
Que jadis arroſa le ſang de vos ayeux.

A T H A M A R E.

Eh bien ! j'y périrai.

H I R C A N.

Quelle fatale ivreſſe !
Age des paſſions ! trop aveugle jeuneſſe !
Où conduis-tu les cœurs à leurs penchants livrés ?

A T H A M A R E.

Qui vois-je donc paraître en ces champs abhorrés ?

(*Indatire pâſſe dans le fond du théâtre à la tête d'une
troupe de guerriers.*)

Que veut le fer en main cette troupe ruſtique ?

H I R C A N.

On m'a dit qu'en ces lieux c'eſt un uſage antique.
Ce ſont de ſimples jeux par le tems conſacrés,
Dans les jours de l'himen noblement célébrés.
Tous leurs jeux ſont guerriers ; la valeur les aprète.
Indatire y préſide, il s'avance à leur tête.
Tout le ſexe eſt exclu de ces ſolemnités,
Et les mœurs de ce peuple ont des ſévérités

Qui pourroient des Perfans condamner la licence.

ATHAMARE.

Grands Dieux ! vous me voulez conduire en fa préfence
Cette fête du moins m'aprend que vos fecours
Ont diffipé l'orage élevé fur fes jours,
Oui , mes yeux la verront.

HIRCAN.

Oui, Seigneur, Obéïde
Marche vers la cabane où fon père réfide ;

ATHAMARE.

C'eft elle, je la vois. Tâche de défarmer
Ce père malheureux que je n'ai pu calmer ——
Des chaumes ! des rofeaux ! voilà donc fa retraite :
Ah ! peut-être elle y vit tranquille & fatisfaite.
Et moi . . . .

SCENE II.

OBEIDE, SULMA, ATHAMARE.

ATHAMARE.

NOn, demeurez, ne vous détournez pas,
De vos regards du moins honorez mon trépas.
Qu'à vos genoux tremblants un malheureux périffe.

OBEIDE.

Ah ! Sulma, qu'en tes bras mon défefpoir finiffe!
C'en eft trop. —— Laiffe moi, fatal perfécuteur ;
Va,

Va, c'eſt toi qui reviens pour m'arracher le cœur.

ATHAMARE.

Ecoute un ſeul moment.

OBEIDE.

Et le dois - je, barbare ?
Dans l'état où je ſuis que peut dire Athamare !

ATHAMARE.

Que l'amour m'a conduit du trône en tes forêts,
Qu'epris de tes vertus, honteux de mes forfaits,
Repentant & ſoumis, mais furieux encore,
J'idolatre Obéïde autant que je m'abhorre.
Ah! ne détourne point tes regards effrayés :
Il me faut ou mourir, ou régner à tes pieds.
Frappe, mais entends moi. Tu ſais déja peut-être
Que de mon ſort enfin les Dieux m'ont rendu maître,
Que Smerdis & ma femme, en un même tombeau,
De mon fatal himen ont éteint le flambeau,
Qu'Ecbatane eſt à moi. — Non, pardonne, Obéïde,
Ecbatane eſt à toi; l'Euphrate, la Perſide,
Et la ſuperbe Egypte, & les bords Indiens,
Seraient tous à tes pieds s'ils pouvaient être aux miens.
Mais mon trône, & ma vie, & toute la nature
Sont d'un trop faible prix pour payer ton injure.
Ton grand cœur, Obéïde, ainſi que ta beauté,
Eſt au deſſus d'un rang dont il n'eſt point flatté;
Que la pitié du moins le deſarme & le touche.
Les climats où tu vis l'ont-ils rendu farouche ?
O cœur né pour aimer, ne peux-tu que haïr ?

C

Image de nos Dieux, ne fais-tu que punir ?
Ils favent pardonner. Va, ta bonté doit plaindre
Ton criminel amant que tu vois fans le craindre.

OBEIDE.

Que m'as-tu dit, cruel; & pourquoi de fi loin
Viens-tu de me troubler prendre le trifte foin,
Tenter dans ces forêts ma mifère tranquile,
Et chercher un pardon —— qui ferait inutile?
Quand tu m'ofas aimer pour la première fois,
Ton Roi d'un autre himen t'avait prefcrit les loix.
Sans un crime à mon cœur tu ne pouvais prétendre;
Sans un crime plus grand je ne faurois t'entendre.
Ne fais point fur mes fens d'inutiles efforts:
Je me vois aujourd'hui ce que tu fus alors.
Sous le joug de l'himen Obéïde refpire;
Ceffe de m'accabler, —— & refpecte Indatire.

ATHAMARE.

Un Scythe! un vil mortel!

OBEIDE.

                    Pourquoi méprifes-tu
Un homme, un citoyen —— qui te paffe en vertu?

ATHAMARE.

Non, c'eft pouffer trop loin ta haine & ton outrage.
Non, les Dieux ont brifé cet infâme efclavage.
Eux-mêmes ils t'ont ravi l'ufage de tes fens,
Lorfque tu prononçais tes malheureux ferments,
Qui fans doute offenfaient leur majefté fuprême,
Et l'honneur de ta race auffi bien que moi-même:
Et je jure à ces Dieux de ton honneur jaloux,
Qu'Indatire jamais ne fera ton époux.

OBEIDE.

Tu ne faurais changer la loi de fa contrée :
Elle feule y commande, elle eft toujours facrée.
C'en eft fait, — pour jamais le joug eft impofé,
Par aucune puiffance il ne fera brifé.
Il eft d'autant plus faint, d'autant plus redoutable,
Que mon père en tout temps à mes vœux favorable,
Du pouvoir paternel oubliant tous les droits,
En m'offrant un époux n'a point forcé mon choix.

ATHAMARE.

Obéïde !

OBEIDE.

         Arrachée au refte de la terre,
J'étais morte pour toi, je vivais pour mon père.
Ses malheurs, fes vieux ans avaient befoin d'apui,
Il en demandait un, je le donne aujourd'hui.
Mes jours étaient affreux. Si l'himen en difpofe,
Si tout finit pour moi, toi feul en es la caufe.
Toi feul m'as condamnée à vivre en ces déferts.

ATHAMARE.

Je t'en viens arracher.

OBEIDE.

         Laiffe-moi dans mes fers :
Je me les fuis donnés.

ATHAMARE.

         Tes mains n'ont point encore
Formé l'indigne nœud dont un Scythe s'honore.

                C ij

OBEIDE.

J'ai fait serment au ciel.

ATHAMARE.

Il ne le reçoit pas ;
C'est pour l'anéantir qu'il a guidé mes pas.

OBEIDE.

Ah ! —— c'est pour mon malheur. ——

ATHAMARE.

Obtiendrais-tu d'un père
Qu'il laissât libre au moins une fille si chère,
Que son cœur envers moi ne fût point endurci,
Et qu'il cessât enfin de s'exiler ici ?
Di-lui….

OBEIDE.

N'y compte pas. Le choix que j'ai dû faire
Devenait un parti conforme à ma misère,
Il est fait ; mon honneur ne peut le démentir,
Et Sozame jamais n'y pourrait consentir.
Sa vertu t'est connue ; elle est inébranlable.

ATHAMARE.

Elle l'est dans la haine, & lui seul est coupable.

OBEIDE.

Tu ne le fus que trop ; tu l'es de me revoir,
De m'aimer, d'attendrir un cœur au désespoir,
Destructeur malheureux d'une triste famille,
Laisse pleurer en paix & le père & la fille.
Il vient, sors.

ATHAMARE.

Je ne puis.

OBEIDE.

Sors, ne l'irrite pas.

ATHAMARE.

Non, tous deux à l'envi donnez-moi le trépas.

OBEIDE.

Au nom de mes malheurs & de l'amour funeste
Qui des jours d'Obéïde empoisonne le reste,
Fui; ne l'outrage plus par ton fatal aspect.

ATHAMARE.

Juge de mon amour, il me force au respect.
J'obéis. —— Dieux puissants qui voyez mon offence,
Secondez mon amour, & guidez ma vengeance.

SCENE III.

SOZAME, OBEIDE, SULMA.
SOZAME.

Eh! quoi notre ennemi nous poursuivra toujours!
Il vient flétrir ici les derniers de mes jours.
De ses faibles états dont il est maître à peine,
Dans notre obscur asyle on voit ce qui l'amène.
Je reconnais en lui cet esprit indompté,
Que ni frein, ni raison n'ont jamais arrêté,
Qu'il ne se flatte pas que le déclin de l'âge
Rende un père insensible à ce nouvel outrage

OBEIDE.

Mon père——il vous respecte——il ne me verra plus;
Pour jamais à le fuir mes vœux sont résolus.

SOZAME.

Indatire est à toi.

OBEIDE.

Je le sais.

SOZAME.

Ton suffrage,
Dépendant de toi seule, a reçu son hommage.

OBEIDE.

J'ai cru vous plaire au moins;——j'ai cru que sans fierté,
Le fils de votre ami devait être accepté.

SOZAME.

Sais-tu ce qu'Athamare à ma honte propose,
Par un de ces Persans, dont son pouvoir dispose?

OBEIDE.

Qu'a-t-il pu demander?

SOZAME.

De violer ma foi,
De briser tes liens, de le suivre avec toi,
D'arracher ma vieillesse à ma retraite obscure,
De mandier chez lui le prix de ton parjure,
D'acheter par la honte une ombre de grandeur.

OBEIDE.

Comment recevez-vous cette offre?

SOZAME.

Avec horreur.

Ma fille, au repentir il n'est aucune voie.
Triomphant dans nos jeux, plein d'amour & de joie,
Indatire en tes bras par son père conduit,
De l'amour le plus pur attend le digne fruit;
Rien n'en doit altérer l'innocente allégresse.
Les Scythes font humains & simples sans bassesse;
Mais leurs naïves mœurs ont de la dureté;
On ne les trompe point avec impunité;
Et surtout de leurs loix vengeurs impitoyables,
Ils n'ont jamais, ma fille, épargné des coupables.

OBEIDE.

Seigneur, vous vous borniez à me persuader.
Pour la première fois pourquoi m'intimider?
Vous savez si du sort bravant les injustices,
J'ai fait depuis quatre ans d'assez grands sacrifices.
S'il en fallait encor, je les ferais pour vous.
Je ne craindrai jamais mon père ou mon époux.
Je vous dois tout mon devoir — ainsi que ma misère.
Allez, — vous n'avez point de reproche à me faire.

SOZAME.

Pardonne à ma tendresse un reste de frayeur,
Triste & commun effet de l'âge & du malheur,
Je tremble seulement que ton cœur ne gémisse.
O de mes derniers ans tendre consolatrice,
Va, ton père est bien loin de te rien reprocher.
Ton époux fut ton choix, & sans doute il t'est cher,
Je vais trouver son père, & préparer la fête.
Rien ne troublera plus ton bonheur qui s'aprête.

(Il sort.)

C iv

SCENE IV.

OBEIDE, SULMA.

SULMA.

Quelle fête cruelle ! ainsi dans ce séjour,
Vos beaux jours enterrés sont perdus sans retour ?

OBEIDE.

Ah Dieux !

SULMA.

Votre pays, la cour qui vous vit naître,
Un Prince généreux... qui vous plaisait peut-être,
Vous abandonnez sans crainte & sans pitié ?

OBEIDE.

Mon destin l'a voulu —— j'ai tout sacrifié.

SULMA.

Haïriez-vous toujours la cour & la patrie ?

OBEIDE.

Malheureuse ! —— jamais je ne l'ai tant chérie.

SULMA.

Ouvrez-moi votre cœur, je le mérite.

OBEIDE.

Hélas !
Tu n'y découvrirais que d'horribles combats.
Il craindrait trop ta vue & ta plainte importune.
Il est des maux, Sulma, que nous fait la fortune ;
Il en est de plus grands dont le poison cruel

Préparé par nos mains porte un coup plus mortel.
Mais lorsque dans l'exil à mon âge on rassemble,
Après un sort si beau, tant de malheurs ensemble,
Lorsque tous leurs assauts viennent se réunir,
Un cœur, un faible cœur les peut-il soutenir?

S U L M A.

Ecbatane... un grand Prince....

O B E I D E.

Ah! fatal Athamare!
Quel démon t'a conduit dans ce séjour barbare!
Que t'a fait Obéïde? & pourquoi découvrir
Ce trait long-tems caché qui me faisait mourir?
Pourquoi renouvellant ma honte & ton injure,
De tes funestes mains déchirer ma blessure?

S U L M A.

Madame, c'en est trop, c'est trop vous immoler
A ces préjugés vains qui viennent vous troubler,
A d'inhumaines loix d'une horde étrangère,
Dont un père exilé chargea votre misère.
Hélas! contre les Rois son trop juste courroux
Ne sera donc jamais retombé que sur vous!
Quand vous le consolez, faut-il qu'il vous oprime?
Soyez sa protectrice, & non pas la victime.
Athamare est vaillant; & de braves soldats
Ont jusqu'en ces déserts accompagné ses pas.
Athamare, après tout, n'est-il pas votre maître?

O B E I D E.

Non.

S U L M A.

C'est en ses états que le ciel vous fit naître.
N'a t-il donc pas le droit de briser un lien,
L'oprobre de la Perse, & le vôtre, & le sien?

C v

M'en croirez vous ? partez, marchez sous sa conduite.
Si vous avez d'un père accompagné la fuite,
Il est tems à la fin qu'il vous suive à son tour;
Qu'il renonce à l'orgueil de dédaigner sa cour;
Que sa douleur farouche à vous perdre obstinée,
Cesse enfin de lutter contre sa destinée.

OBEIDE.

Non, ce parti serait injuste & dangereux,
Il coûterait du sang; le succès est douteux;
Mon père expirerait de douleur & de rage. ——
Enfin l'himen est fait: —— je suis dans l'esclavage.
L'habitude à souffrir pourra fortifier
Mon courage éperdu qui craignait de plier.

SULMA.

Vous pleurez cependant; & votre œil qui s'égare
Parcourt avec horreur cette enceinte barbare,
Ces chaumes, ces déserts, où des pompes des rois
Je vous vis descendue aux plus humbles emplois;
Où d'un vain repentir le trait insuportable
Déchire de vos jours le tissu misérable. ——
Quel parti prenez-vous ?

OBEIDE.

Celui du désespoir.

SULMA.

Dans cet état affreux que faire ?

OBEIDE.

—— Mon devoir.
L'honneur de le remplir, le secret témoignage
Que la vertu se rend, qui soutient le courage,
Qui seul en est le prix, & que j'ai dans mon cœur,
Me tiendra lieu de tout, & même du bonheur.

ACTE IV.

SCENE PREMIERE.

ATHAMARE, HIRCAN.

ATHAMARE.

PENSES-tu qu'Indatire osera me parler?

HIRCAN.

Il l'osera, Seigneur.

ATHAMARE.

Qu'il vienne : —— il doit trembler.

HIRCAN.

Les Scythes, croyez-moi, connaissent peu la crainte.
Mais d'un tel désespoir votre ame est-elle atteinte,
Que vous avilissiez l'honneur de votre rang,
Le sang du grand Cyrus mêlé dans votre sang,
Et d'un trône si saint le droit inviolable,
Jusqu'à vous compromettre avec un misérable,
Qu'on verrait, si le sort l'envoyait parmi nous,
A vos premiers suivants ne parler qu'à genoux?
Mais qui sur ses foyers peut avec insolence
Braver impunément les rois & leur puissance.

ATHAMARE.

Je m'abaisse, il est vrai; mais je veux tout tenter.
Je descendrais plus bas pour la mieux mériter.
Ma honte est de la perdre; & ma gloire éternelle

Serait de m'avilir pour m'élever vers elle.
Penses-tu qu'Indatire en sa grossiéreté
Ait senti comme moi le prix de sa beauté?
Un Scythe aveuglément suit l'instinct qui le guide;
Ainsi qu'une autre femme il épouse Obéïde.
L'amour, la jalousie & ses emportemens
N'ont point dans ces climats aporté leurs tourmens.
De ces vils citoyens l'insensible rudesse,
En connaissant l'himen, ignore la tendresse.
Il n'est que les grands cœurs qui soient dignes d'aimer.

HIRCAN.

L'univers vous dément: le ciel fait animer
Des mêmes passions tous les êtres du monde.
Si du même limon la nature féconde,
Sur un modéle égal ayant fait les humains,
Varie à l'infini les traits de ses desseins,
Le fond de l'homme reste, il est partout le même.
Persan, Scythe, Indien, tout défend ce qu'il aime.

ATHAMARE.

Je le défendrai donc: je saurai le garder.

HIRCAN.

Vous hazardez beaucoup.

ATHAMARE.

     Et que puis-je hazarder! (*)
Ma vie? elle n'est rien sans l'objet qu'on m'arrache:
Mon nom? quoi qu'il arrive il restera sans tache:
Mes amis? ils ont trop de courage & d'honneur
Pour ne pas immoler sous le glaive vengeur
Ces agrestes guerriers dont l'audace indiscrète
Pourrait inquiéter leur marche & leur retraite.

(*) Il ne faut point aspirer l'h. cela serait trop rude; on dit la valeur d'Henri quatre & non la valeur de Henri.

HIRCAN.

Ils mourront à vos pieds, & vous n'en doutez pas.

ATHAMARE.

Qu'ils soient prêts : quel mortel tourne vers moi ses pas?

HIRCAN.

Seigneur, je le connais, c'est lui, c'est Indatire.

ATHAMARE.

Allez, que loin de moi ma garde se retire,
Qu'aucun n'ose approcher sans mes ordres exprès,
Mais qu'on soit prêt à tout.

SCENE II.

ATHAMARE, INDATIRE.

ATHAMARE.

Habitant des forêts,
Sais-tu bien devant qui ton sort te fait paraître?

INDATIRE.

On prétend qu'une ville en toi révère un maître,
Qu'on l'appelle Ecbatane, & que du Mont Taurus
On voit ses hauts remparts élevés par Cyrus.
On dit (mais j'en crois peu la vaine renommée)
Que tu peux dans la plaine assembler une armée,
Une troupe aussi forte, un camp aussi nombreux
De guerriers soudoïés, & d'esclaves pompeux,
Que nous avons ici de citoyens paisibles.

ATHAMARE.

Il est vrai, j'ai sous moi des troupes invincibles,
Le dernier des Persans de ma solde honoré
Est plus riche & plus grand, & plus considéré,
Que tu ne saurais l'être aux lieux de ta naissance,
Où le ciel vous fit tous égaux par l'indigence.

INDATIRE.

Qui borne ses desirs est toujours riche assez.

ATHAMARE.

Ton cœur ne connaît point les vœux intéressés :
Mais la gloire, Indatire ?

INDATIRE.

Elle a pour moi des charmes.

ATHAMARE.

Elle habite à ma Cour à l'abri de mes armes ;
On ne la trouve point dans le fond des déserts ;
Tu l'obtiens près de moi, tu l'as si tu me sers ;
Elle est sous mes drapeaux ; viens avec moi t'y rendre.

INDATIRE.

A servir sous un maître on me verrait descendre !

ATHAMARE.

Va, l'honneur de servir un maître généreux,
Qui met un digne prix aux exploits belliqueux,
Vaut mieux que de ramper dans une République
Ingrate en tous les temps & souvent tyrannique.
Tu peux prétendre à tout en marchant sous ma loi,
J'ai, parmi mes guerriers, des Scythes comme toi.

INDATIRE.

Tu n'en as point. Aprends que ces indignes Scythes,

Voisins de ton pays, sont loin de nos limites.
Si l'air de tes climats a pu les infecter,
Dans nos heureux cantons il n'a pu se porter.
Ces Scythes malheureux ont connu l'avarice;
La fureur d'acquérir corrompit leur justice,
Ils n'ont su que servir; leurs infidèles mains
Ont abandonné l'art qui nourrit les humains,
Pour l'art qui les détruit, l'art affreux de la guerre.
Ils ont vendu leur sang aux maîtres de la terre.
Meilleurs citoyens qu'eux, & plus braves guerriers,
Nous volons aux combats, mais c'est pour nos foyers,
Nous savons tous mourir, mais c'est pour la patrie.
Nul ne vend parmi nous son honneur ou sa vie.
Nous serons, si tu veux, tes dignes alliés.
Mais on n'a point d'amis alors qu'ils sont payés.
Aprens à mieux juger de ce peuple équitable,
Egal à toi sans doute, & non moins respectable.

ATHAMARE.

Elève ta patrie & cherche à la vanter;
C'est le recours du faible, on peut le suporter.
Ma fierté que permet la grandeur souveraine
Ne daigne pas ici lutter contre la tienne. ——
Te crois-tu juste au moins?

INDATIRE.

Oui, je puis m'en flatter.

ATHAMARE.

Rends-moi donc le trésor que tu viens de m'ôter?

INDATIRE.

A toi!

ATHAMARE.

Rends à son maître une de ses sujettes.

Qu'un indigne deftin traîna dans ces retraites;
Un bien dont nul mortel ne pourra me priver,
Et que fans injuftice on ne peut m'enlever.
Rends fur l'heure Obéïde.

INDATIRE.

      A ta fuperbe audace,
A tes difcours altiers, à cet air de menace,
Je veux bien opofer la modération
Que l'univers eftime en notre nation.
  Obéïde, dis-tu, de toi feul doit dépendre;
Elle était ta fujette! ofes-tu bien prétendre
Que des droits des mortels on ne jouiffe pas,
Dès qu'on a le malheur de naître en tes Etats?
Le ciel en le créant forma t-il l'homme efclave?
La nature qui parle, & que ta fierté brave,
Aura-t-elle à la glêbe attaché les humains,
Comme les vils troupeaux mugiffants fous nos mains?
Que l'homme foit efclave aux champs de la Médie,
Qu'il rampe, j'y confens; il eft libre en Scythie.
Au moment qu'Obéïde honora de fes pas,
Le tranquile horizon qui borde nos Etats,
La liberté, la paix, qui font notre apanage,
L'heureufe égalité, les biens du premier âge,
Ces biens que des Perfans aux mortels ont ravis,
Ces biens perdus ailleurs, & par nous recueillis,
De la belle Obéïde ont été le partage.

ATHAMARE.

Il en eft un plus grand, celui que mon courage
A l'univers entier oferait difputer,
Que tout autre qu'un Roi ne faurait mériter,
Dont tu n'auras jamais qu'une imparfaite idée,
Et dont avec fureur mon ame eft poffédée,

          Son

Son amour ; c'eft le bien qui doit m'appartenir.
A moi feul était dû l'honneur de la fervir.
Oui, je defcends enfin jufqu'à daigner te dire
Que de ce cœur altier je lui foumis l'empire,
Avant que les deftins euffent pû t'accorder
L'heureufe liberté d'ofer la regarder.
Ce tréfor eft à moi, barbare, il faut le rendre.

INDATIRE.

Imprudent étranger, ce que je viens d'entendre
Excite ma pitié plutôt que mon couroux.
Sa libre volonté m'a choifi pour époux ;
Ma probité lui plut : elle l'a préférée
Aux recherches, aux vœux de toute ma contrée ;
Et tu viens de la tienne ici redemander
Un cœur indépendant qu'on vient de m'accorder !
O toi qui te crois grand, qui l'es par l'arrogance,
Sors d'un afyle faint de paix & d'innocence,
Fui ; ceffe de troubler fi loin de tes états
Des mortels tes égaux qui ne t'offenfent pas.
Tu n'es pas Prince ici.

ATHAMARE.

Ce facré caractère
M'accompagne en tous lieux fans m'être néceffaire.
Je fuis homme, on m'outrage, & ce fer me fuffit
Pour remettre en mes mains le bien qu'on me ravit.
Cède Obéïde, ou meurs, ou m'arrache la vie.

INDATIRE.

Quoi ! nous t'avons en paix reçu dans ma patrie,
Ton accueil nous flattait : notre fimplicité
N'écoutait que les droits de l'hofpitalité ;
Et tu veux me forcer dans la même journée
De fouiller par ta mort un fi faint himenée !

D

ATHAMARE.

Meurs, te dis-je, ou me tue : — on vient, retire-toi,
Et si tu n'es un lâche. . . . .

INDATIRE.

Ah ! c'en est trop. . . . .

ATHAMARE.

Suis-moi,

Je te fais cet honneur.

(*Il sort.*)

SCENE III.

INDATIRE, HERMODAN, SOZAME,

un Scythe.

HERMODAN (*à Indatire qui est près de sortir.*)

Vien, ma main paternelle,
Te remettra, mon fils, ton épouse fidelle.
Vien, le festin t'attend.

INDATIRE.

Bientôt je vous suivrai,
Allez. — O cher objet ! je te mériterai !

(*Il sort.*)

SCENE IV.

HERMODAN, SOZAME, un Scythe.

SOZAME.

Pourquoi ne pas nous fuivre? il diffère! . . .

HERMODAN.

Ah! Sozame,
Cher ami, dans quel trouble il a jetté mon ame!
As-tu vû fur fon front des fignes de fureur?
N'as-tu rien remarqué?

SOZAME.

Non.

HERMODAN.

Peut-être mon cœur
Conçoit d'un vain danger la crainte imaginaire;
Mais fon trouble était grand; Sozame, je fuis père.
Si mes yeux par les ans ne font point affaiblis,
J'ai cru voir ce Perfan qui menaçait mon fils.

SOZAME.

Tu me fais friffonner: — avançons; Athamare
Eſt capable de tout.

HERMODAN.

La faibleffe s'empare
De mes efprits glacés; & mes fens éperdus
Trahiffent mon courage: & ne me fervent plus. —

(Il s'affied en tremblant fur le banc de gazon.)
D ij

Mon fils ne revient point : -- j'entends un bruit horrible.

(Au Scythe qui est auprès de lui.)

Je succombe. — Va, cours, en ce moment terrible,
Cours, assemble au drapeau nos braves combattans.

L E S C Y T H E.

Rassure-toi, j'y vole, ils sont prêts en tout temps.

S O Z A M E *(à Hermodan.)*

Reviens à toi, respire, & calme tes allarmes.

H E R M O D A N *(se relevant à peine.)*

Oui, j'ai pû me tromper.　Oui, je renais.

S C E N E V.

HERMODAN, SOZAME, ATHAMARE
(l'épée à la main), HIRCAN, Suite.

A T H A M A R E.

Aux armes!
Aux armes, compagnons, il est temps, paraissez,
C'en est fait.

H E R M O D A N *(effrayé & chancelant.)*

Quoi! barbare. . .

S O Z A M E.

O ciel!

ATHAMARE *(à ſes Gardes.)*

Obéïſſez,
De ſa retraite indigne enlevez Obéïde,
Courez, dis-je, volez : que ma garde intrépide,
(Si quelque audacieux tentait de vains efforts)
Se faſſe un chemin prompt dans la foule des morts.
—— C'eſt toi qui l'as voulu, Sozame inexorable.

SOZAME.

J'ai fait ce que j'ai dû.

HERMODAN.

Va, raviſſeur coupable,
Infidèle Perſan, mon fils ſaura venger
Le déteſtable affront dont tu viens nous charger.
Dans ce deſſein, Sozame, il nous quittait ſans doute.

ATHAMARE.

Indatire ? ton fils ?

HERMODAN.

Oui, lui-même.

ATHAMARE.

Il m'en coute
D'affliger ta vieilleſſe & de percer ton cœur,
Ton fils eut mérité de ſervir ma valeur.

HERMODAN.

Que dis-tu ?

ATHAMARE *(à ſes Soldats.)*

Qu'on épargne à ce malheureux père
Le ſpectacle d'un fils mourant dans la pouſſière ;
Fermez lui ce paſſage.

HERMODAN.

Achève tes fureurs,
Achève. —— N'oſes-tu ? quoi ! tu gémis, —— je meurs.

Mon fils est mort, ami!

(*Il tombe sur le banc de gazon.*)

ATHAMARE.

Toi, père d'Obéïde,
Auteur de tous mes maux, dont l'âpreté rigide,
Dont le cœur inflexible à ce coup m'a forcé,
Que je chéris encor quand tu m'as offensé,
Il faut dans ce moment la conduire & me suivre:

SOZAME.

Moi! ma fille!

ATHAMARE.

En ces lieux il t'est honteux de vivre.
Attends mon ordre ici : vous, marchez avec moi.

(*à ses Soldats.*)

SCENE VI.
SOZAME, HERMODAN.

SOZAME (*se courbant vers Hermodan.*)

Tous mes malheurs, ami, sont retombés sur toi.——
Espère en la vengeance—— il revient—— il soupire——

HERMODAN (*se relevant avec peine.*)

Mon ami, fais au moins que j'expire
Sur le corps étendu de mon fils expirant!
Que je te doive, ami, cette grace en mourant.
S'il reste quelque force à ta main languissante,

Soutiens d'un malheureux la marche chancelante;
Viens, lorsque de mon fils j'aurai fermé les yeux,
Dans un même sépulcre enferme nous tous deux.

S O Z A M E.

Trois amis y seront. La même sépulture,
Contiendra notre cendre; oui, ma bouche le jure.
Athamare après tout, violent, emporté,
A d'un cœur généreux la magnanimité.
Il ne m'enviera pas cette grace dernière. ——
Allons, j'entends au loin la trompette guerrière,
Les tambours, les clairons, les cris des combattans.

H E R M O D A N.

Ah! l'on venge mon fils. Je retrouve mes sens.
Nos Scythes sont armés.--O Dieux vengeurs des crimes,
Vous combattrez pour nous, vous prendrez vos victi-
mes.
Nous ne mourrons pas seuls.

S C E N E VII.

SOZAME, HERMODAN, OBEIDE.

S O Z A M E.

O ma fille, est-ce vous?

H E R M O D A N.

Chère Obéïde —— hélas!

O B E I D E.

Je tombe à vos genoux.
Dans l'horreur du combat avec peine échappée
A la pointe des dards, au tranchant de l'épée,

D iv

Aux fanguinaires mains de mes fiers raviffeurs,
Je viens de ces moments augmenter les horreurs.

(*A Hermodan.*)

Ton fils vient d'expirer, j'en fuis la caufe unique.
De mes calamités l'artifan tirannique
Nous a tous immolés à fes tranfports jaloux ;
Mon malheureux amant a tué mon époux,
Sous vos yeux, fous les miens, & dans la place même
Où, pour le trifte objet qu'il outrage & qu'il aime,
Pour d'indignes appas toujours perfécutés,
Des flots de fang humain coulent de tous côtés.
On s'acharne, on combat fur le corps d'Indatire ,
On fe difpute encor fes membres qu'on déchire.
Les Scythes, les Perfans l'un par l'autre égorgés,
Sont vainqueurs & vaincus, & tous meurent vengés.

(*A tous deux.*)

Où voulez-vous aller, & fans force & fans armes ?
On aurait peu d'égards à votre âge, à vos larmes.
J'ignore du combat quel fera le deftin ;
Mais je mets fans trembler mon fort en votre main.
Si le Scythe fur moi veut affouvir fa rage,
Il le peut, je l'attends, & je demeure en ôtage.

HERMODAN.

Ah ! j'ai perdu mon fils, tu me reftes du moins.
Tu me tiens lieu de tout.

SOZAME.

            Ce jour veut d'autres foins,
Armons-nous, de notre âge oublions la faibleffe.
Si les fens épuifés manquent à la vieilleffe,
Le courage demeure, & c'eft dans un combat
Qu'un vieillard comme moi doit tomber en foldat.

HERMODAN.

On nous aporte encor de fatales nouvelles.

SCENE VIII.

SOZAME, HERMODAN, OBEIDE, le
Scythe qui a déja paru.

LE SCYTHE.

Enfin nous l'emportons.

HERMODAN.

                 Déités immortelles!
Mon fils ferait vengé! N'eft-ce point une erreur!

LE SCYTHE.

Le ciel nous rend juftice, & le Scythe eft vainqueur
Tout l'art que les Perfans ont mis dans le carnage,
Leur grand art de la guerre enfin cède au courage;
Nous avons manqué d'ordre & non pas de vertu,
Sur nos frères mourants nous avons combattu.
La moitié des Perfans à la mort eft livrée.
L'autre qui fe retire eft partout entourée
Dans la fombre épaiffeur de ces profonds taillis,
Où bientôt, fans retour, ils feront affaillis.

HERMODAN.

De mon malheureux fils le meurtrier barbare
Serait-il échapé?

LE SCYTHE.

              Qui! ce fier Athamare?
Sur nos Scythes mourants, qu'a fait tomber fa main,
Epuifé, fans fecours, envelopé foudain,
Il eft couvert de fang, il eft chargé de chaines.

OBEIDE.

Lui!

SOZAME.

Je l'avais prévu. — Puissances souveraines,
Princes audacieux, quel exemple pour vous!

HERMODAN.

De ce cruel enfin nous serons vengés tous.
Nos loix, nos justes loix seront exécutées.

OBEIDE.

Ciel!... Quelles font ces loix?

HERMODAN.

Les Dieux les ont dictées.

SOZAME. (*à part.*)

O comble de douleur & de nouveaux ennuis!

OBEIDE. (*à Hermodan.*)

— Mais enfin, les Perfans ne font pas tous détruits.
On verrait Ecbatane en fecourant fon maître,
Du poids de fa grandeur vous accabler peut-être.

HERMODAN.

Ne crain rien: — Toi jeune homme, & vous braves
                                              guerriers,
Préparez votre autel entouré de lauriers.

OBEIDE.

Mon père!...

HERMODAN.

Il faut hâter ce jufte facrifice.
Mânes de mon cher fils! que ton ombre en jouiffe!

Et toi qui fus l'objet de fes chaftes amours,
Qui fus ma fille chère & le feras toujours,
Qui de ta piété filiale & fincère
N'as jamais altéré le facré caractère,
C'eft à toi de remplir ce qu'une auftère loi
Attend de mon pays & demande de toi.

(Il fort)

OBEIDE.

Où fuis-je! qu'a-t-il dit! où me vois-je réduite!

SOZAME.

Dans quel abîme affreux, hélas! t'ai-je conduite!
Pourai-je t'expliquer ce miftère odieux?

OBEIDE.

Je n'ofe le prévoir : je détourne les yeux.

SOZAME.

Je frémis comme toi, je ne puis m'en defendre.

OBEIDE.

Ah! laiffez-moi mourir, Seigneur, fans vous entendre!

ACTE V.

SCENE PREMIERE.

OBEIDE, SOZAME, HERMODAN, troupe de Scythes armés de javelots. On apporte un autel couvert d'un crépe & entouré de lauriers. Un Scythe met un glaive sur l'autel.

OBEIDE (*entre Sozame & Hermodan.*)

Vous vous taisez tous deux: craignez-vous de me dire
Ce qu'à mes sens glacés votre loi doit prescrire?
Quel est cet apareil terrible & solemnel?

SOZAME.

Ma fille —— il faut parler —— voici le même autel
Que le Soleil naissant vit dans cette journée,
Orné de fleurs par moi pour ton saint himenée,
Et voit d'un crépe affreux couvert à son couchant.

HERMODAN.

As tu chéri mon fils?

OBEIDE.

Un vertueux penchant,
Mon amitié pour toi, mon respect pour Sozame,
Et mon devoir sur-tout, souverain de mon ame,

M'ont rendu cher ton fils : — mon fort fuivait fon fort ;
J'honore fa mémoire ; & j'ai pleuré fa mort.

HERMODAN.

L'inviolable loi qui régit ma patrie,
Veut que de fon époux une femme chérie,
Ait le fuprême honneur de lui facrifier,
En préfence des Dieux, le fang du meurtrier ;
Que l'autel de l'hymen foit l'autel des vengeances ;
Que du glaive facré qui punit les offenfes,
Elle arme fa main pure, & traverfe le cœur,
Le cœur du criminel qui ravit fon bonheur.
Sozame a-t-il apris à fa chère Obéïde
Tout ce que l'on attend de fon cœur intrépide ?

OBEIDE.

Je n'en aprends que trop.

SOZAME.

Je vous ai déclaré
Que j'adopte un ufage antique & confacré,
Mais des fanglantes loix pour les peuples dictées,
Il eft, vous le favez, des têtes exceptées.

UN SCYTHE.

Plus Athamare eft grand, & plus fur nos autels
On doit un grand exemple au refte des mortels.

HERMODAN (à Obéïde.)

Le ciel t'a réfervé ce facré miniftère.

OBEIDE.

Moi ! je dois vous venger !

HERMODAN.

Oui fans doute.

OBEIDE.

Ah ! mon père !

SOZAME.

Où fommes-nous reduits !

OBEIDE.

Peuple, écoutez ma voix. —
Je pourrais ajouter, sans offenser vos loix,
Que je naquis en Perse, & que ces loix sévères
Sont faites pour vous seuls, & me sont étrangères.
Qu'Athamare est trop grand pour être un assassin.
Et que si mon époux est tombé sous sa main,
Son rival opposa sans aucun avantage
Le glaive seul au glaive, & l'audace au courage;
Que de deux combattans d'une égale valeur
L'un tue & l'autre expire avec le même honneur.
Peuples qui connaissez le prix de la vaillance,
Vous aimez la justice ainsi que la vengeance,
Commandez, mais jugez: voyez si c'est à moi
D'immoler un guerrier qui dût être mon Roi.

UN SCYTHE.

Si tu n'oses frapper, si ta main trop timide
Hésite à nous donner le sang de l'homicide,
Il meurt dans des tourmens pires que le trépas.
Tu connais trop nos mœurs, & nous n'hésitons pas.

OBEIDE.

Et si je hais vos mœurs, & si je vous refuse!

HERMODAN.

L'hymen t'a fait ma fille, & tu n'as point d'excuse;
Il n'en mourra pas moins, tu vivras sans honneur.

LE SCYTHE.

D'un peuple qui t'aima tu deviendras l'horreur.

OBEIDE.

Il vous faut de ma main cette grande victime!

HERMODAN.

Tremble de rejetter un droit si légitime.

OBEIDE.

— Je l'accepte!

SOZAME.

Ah! grands Dieux!

LE SCYTHE.

Devant les Immortels
En fais-tu le serment?

OBEIDE.

Je le jure, cruels.
Je le jure, Hermodan. Tu demandes vengeance,
Sois-en sûr, tu l'auras: — mais que de ma présence
On ait soin de tenir le captif écarté,
Jusqu'au moment fatal par mon ordre arrêté:
Qu'on me laisse en ces lieux m'expliquer à mon père;
Et vous verrez après ce qui vous reste à faire.

UN SCYTHE.

(*Après avoir regardé tous ses compagnons.*)

Nous y consentons tous.

HERMODAN.

La veuve de mon fils
Se déclare foumife aux loix de mon pays;
Et ma douleur profonde eft un peu foulagée,
Si par fes nobles mains cette mort eft vengée.
Amis, retirons-nous.

OBEIDE.

A ces autels fanglants
Je vous rappellerai quand il en fera tems.

SCENE II.

SOZAME, OBEIDE.

OBEIDE.

Eh bien, que ferez-vous?

SOZAME.

Il fut un tems peut-être
Où le plaifir affreux de me venger d'un maître
Dans le cœur d'Athamare aurait conduit ta main,
De fon monarque ingrat, j'aurais percé le fein,
Ils le méritaient trop.   Ma vengeance laffée
Contre les malheureux ne peut être exercée,
Tous mes reffentimens font changés en regrets.

OBEIDE.

Avez-vous bien connu mes fentimens fecrets?
Dans le fond de mon cœur avez-vous daigné lire?
SOZAME.

SOZAME.

Mes yeux t'ont vu pleurer fur le fang d'Indatire;
Mais je pleure fur toi dans ce moment cruel.
J'abhorre tes fermens.

OBEIDE.

Vous voyez cet autel,
Ce glaive dont ma main doit frapper Athamare;
Vous favez quels tourmens un refus lui prépare.
Après ce coup terrible, —— & qu'il me faut porter,
Parlez: —— fur fon tombeau voulez-vous habiter?

SOZAME.

J'y veux mourir.

OBEIDE.

Vivez, aïez-en le courage,
Les Perfans, croyez-moi, vengeront leur outrage.
Les enfans d'Ecbatane, en ces lieux déteftés,
Defcendront du Taurus à pas précipités.
Les groffiers habitans de ces climats horribles.
Sont cruels, il eft vrai, mais non pas invincibles
A ces tigres armés voulez-vous annoncer
Qu'au fond de leur repaire on pourrait les forcer?

SOZAME.

On en parle déja; les efprits les plus fages
Voudraient de leur patrie écarter ces orages.

OBEIDE.

Achevez donc, Seigneur, de les perfuader.
Qu'ils méritent le fang qu'ils ofent demander.
Et tandis que ce fang de l'offrande immolée
Baignera fous vos yeux leur féroce affemblée,

E

Que nos concitoyens foient mis en liberté,
Et repaffent les monts fur la foi d'un traité.

SOZAME.

Je l'obtiendrai, ma fille, & j'ofe t'en répondre.
Mais ce traité fanglant ne fert qu'à nous confondre.
De quoi t'auront fervi ta prière & mes foins?
Athamare à l'autel en périra-t-il moins!
Les Perfans ne viendront que pour venger fa cendre;
Ce fang de tant de Rois que ta main va répandre,
Ce fang que j'ai haï, mais que j'ai révéré,
Qui coupable envers nous n'en eft pas moins facré.

OBEIDE.

Il l'eft: -- mais je fuis Scythe, -- & le fus pour vous plaire,
Le climat quelquefois change le caractère.

SOZAME.

Ma fille!

OBEIDE.

C'eft affez, Seigneur, j'ai tout prévu.
J'ai pefé mes deftins; & tout eft réfolu.
Une invincible loi me tient fous fon empire.
La victime eft promife au père d'Indatire;
Je tiendrai ma parole: —— allez, il vous attend,
Qu'il me garde la fienne; il fera trop content.

SOZAME.

Tu me glaces d'horreur.

OBEIDE.

Allez, je la partage.
Seigneur, le tems eft cher, achevez votre ouvrage;
Laiffez-moi m'affermir: mais fur-tout obtenez
Un traité néceffaire à ces infortunés.

Vous prétendez qu'au moins ce peuple impitoyable
Sait garder une foi toujours inviolable.
Je vous en crois : -- le reste est dans la main des Dieux.

SOZAME.

Ils ne présagent rien qui ne soit odieux :
Tout est horrible ici.   Ma faible voix encore
Tentera d'écarter ce que mon cœur abhorre.
Mais après tant de maux, mon courage est vaincu.
Quoi qu'il puisse arriver ; ton père a trop vécu.

SCENE III.

OBEIDE *seule.*

Ah ! c'est trop étouffer la fureur qui m'agite,
Tant de ménagement me déchire & m'irrite ;
Mon malheur vint toujours de me trop captiver
Sous d'inhumaines loix que j'aurais dû braver.
Je mis un trop haut prix à l'estime, au reproche ;
Je fus esclave assez : — ma liberté s'approche.

SCENE IV.

OBEIDE, SULMA.

OBEIDE.

Enfin je te revois.

SULMA.

Grands Dieux ! que j'ai tremblé,

E ij

Lorſque diſparaiſſent à mon œil déſolé,
Vous avez traverſé cette foule ſanglante,
Vous affrontiez la mort de tous côtés préſente;
Des flots de ſang humain roulaient entre nous deux.
Quel jour! quel himénée! & quel ſort rigoureux!

OBEIDE.

Tu verras un ſpectacle encor plus effroyable.

SULMA.

Ciel! on m'aurait dit vrai! -- quoi! votre main coupable
Immolerait l'amant que vous avez aimé,
Pour ſatisfaire un peuple à ſa perte animé!

OBEIDE.

Moi! complaire à ce peuple, aux monſtres de Scythie,
A ces brutes humains pêtris de barbarie,
A ces ames de fer, & dont la dureté
Paſſa long-tems chez nous pour noble fermeté,
Dont on chérit de loin l'égalité paiſible,
Et chez qui je ne vois qu'un orgueil inflexible,
Une atrocité morne, & qui ſans s'émouvoir,
Croit dans le ſang humain ſe baigner par devoir. —
J'ai fui pour ces ingrats la cour la plus auguſte,
Un peuple doux, poli, quelquefois trop injuſte,
Mais généreux, ſenſible, & ſi prompt à ſortir
De ſes iniquités par un beau repentir!
Qui? moi! complaire au Scythe! -- ô nations! ô terre!
O Rois qu'il outragea! Dieux maîtres du tonnerre!
Dieux témoins de l'horreur où l'on m'oſe entraîner,
Uniſſez-vous à moi, mais pour l'exterminer!
Puiſſe leur liberté préparant leur ruine,
Allumant la diſcorde & la guerre inteſtine,
Acharnant les époux, les pères, les enfans,
L'un ſur l'autre entaſſés, l'un par l'autre expirans,

Sous des monceaux de morts avec eux difparaître!
Que le refte en tremblant rugiffe aux pieds d'un maître.
Que rampant dans la poudre au bord de leur cercueil,
Pour être mieux punis ils gardent leur orgueil;
Et qu'en mordant le frein du plus lâche efclavage,
Ils vivent dans l'opprobre, & meurent dans la rage!
— Où vais-je m'emporter! vains regrets! vains éclats!
Les imprécations ne nous fecourent pas.
C'eft moi qui fuis efclave, & qui fuis affervie
Aux plus durs des tyrans abhorrés dans l'Afie.

SULMA.

Vous n'êtes point réduite à la néceffité
De fervir d'inftrument à leur férocité.

OBEIDE.

Si j'avais refufé ce miniftère horrible,
Athamare expirait d'une mort plus terrible.

SULMA.

Mais cet amour fecret qui vous parle pour lui?

OBEIDE.

Il m'a parlé toujours; & s'il faut aujourd'hui
Expofer à tes yeux l'effroyable étendue,
La hauteur de l'abîme où je fuis defcendue,
J'adorais Athamare avant de le revoir.
Il ne vient que pour moi plein d'amour & d'efpoir;
Pour prix d'un feul regard il m'offre un diadême;
Il met tout à mes pieds: & tandis que moi-même
J'aurais voulu, Sulma, mettre le monde aux fiens;
Quand l'excès de fes feux n'égale pas les miens,
Lorfque je l'idolâtre, il faudra qu'Obéide
Plonge au fein d'Athamare un couteau parricide!

E iij

S U L M A.

C'est un crime si grand, que ces Scythes cruels,
Qui du sang des humains arrosent les autels,
S'ils connaissaient l'amour qui vous a consumée,
Eux-mêmes arrêteraient la main qu'ils ont armée.

O B E I D E.

Non, ils la conduiraient dans ce cœur adoré,
Ils l'y tiendraient sanglante, & du glaive sacré
Ils tourneraient l'acier enfoncé dans ses veines.

S U L M A.

Se peut-il ! . . . .
O B E I D E.

Telles sont leurs ames inhumaines;
Tel est l'homme sauvage à lui-même laissé;
Il est simple, il est bon, s'il n'est point offensé.
Sa vengeance est sans borne.

S U L M A.

Et ce malheureux père,
Qui creusa sous vos pas ce gouffre de misère,
Au père d'Indatire uni par l'amitié,
Consulté des vieillards, avec eux si lié,
Peut-il bien seulement supporter qu'on propose
L'horrible extrémité dont lui-même il est cause?

O B E I D E.

Il fait beaucoup pour moi. J'ose même espérer,
Des douleurs dont j'ai vû son cœur se déchirer,
Que ses pleurs obtiendront de ce Sénat agreste
Des adoucissemens à leur arrêt funeste.

S U L M A.

Ah! vous rendez la vie à mes sens effrayés!
Je vous haïrais trop si vous obéissiez.

Le ciel ne verra point ce fanglant facrifice.

OBEIDE.

Sulma!....

SULMA.

Vous frémiffez.

OBEIDE.

——Il faut qu'il s'accompliffe.

SCENE V.

OBEIDE, SULMA, SOZAME, HERMO-
DAN, Scythes armés, *rangés au fond en demi-
cercle, près de l'autel.*

SOZAME.

Ma fille, hélas, du moins nos Perfans affiégés
Des piéges de la mort feront tous dégagés.

HERMODAN.

Des mânes de mon fils la victime attendue
Suffit à ma vengeance autant qu'elle m'eft due.

(à Obéïde.)

De ce peuple, croi-moi, l'inflexible équité
Sait joindre la clémence à la févérité.

UN SCYTHE.

Et la loi des fermens eft une loi fuprême,
Auffi chère à nos cœurs que la vengeance même.

E iv

O B E I D E.

C'est assez; je vous crois. Vous avez donc juré
Que de tous les Persans le sang sera sacré,
Si-tôt que cette main remplira vos vengeances.

H E R M O D A N.

Tous seront épargnés. Les célestes puissances
N'ont jamais vu de Scythe oser trahir sa foi.

O B E I D E.

Qu'Athamare à-présent paraisse devant moi.

(*On amène Athamare enchaîné; Obéïde se place entre
lui & Hermodan.*)

H E R M O D A N.

Qu'on le traîne à l'autel.

S U L M A.

Ah! Dieux!

A T H A M A R E.
　　　　　　　　　　　　　Chère Obéïde!
Prends ce fer, ne crains rien: que ton bras homicide
Frappe un cœur à toi seule en tout tems réservé,
On y verra ton nom: c'est là qu'il est gravé.
De tous mes compagnons tu conserves la vie;
Tu me donnes la mort; c'est toute mon envie.
Graces aux immortels tous mes vœux sont remplis;
Je meurs pour Obéïde, & meurs pour mon pays.
Rassure cette main qui tremble à mon approche,
Ne crains en m'immolant que le juste reproche
Que les Scythes feraient à ta timidité,
S'ils voyaient ce que j'aime agir sans fermeté,
Si ta main, si tes yeux, si ton cœur qui s'égare,
S'effrayaient un moment en frappant Athamare.

SOZAME.

Ah, ma fille !...

SULMA.

Ah! Madame !...

OBEIDE.

O Scythes inhumains!
Connaiffez dans quel fang vous enfoncez vos mains.
Athamare eft mon Prince; il eft plus, —— je l'adore,
Je l'aimai feul au monde, —— & ce moment encore
Porte au plus grand excès dans ce cœur enivré
L'amour, le tendre amour dont il fut dévoré.

ATHAMARE.

Je meurs heureux.

OBEIDE.

L'himen, cet himen que j'abjure
Dans un fang criminel doit laver fon injure. ——

(Levant le glaive entr'elle & Athamare.)

Vous jurez d'épargner tous mes concitoyens: ——
Il l'eft; —— fauvez fes jours, —— l'amour finit les miens.

(Elle fe frappe.)

Vis, mon cher Athamare, en mourant je l'ordonne.

(Elle tombe à mi-corps fur l'autel.)

HERMODAN.

Obéïde!

SOZAME.

O mon fang!

ATHAMARE.

La force m'abandonne,

Mais il m'en reste assez pour me rejoindre à toi,
Chère Obéïde!

(il veut saisir le fer.)

LE SCYTHE.

Arrête, & respecte la loi.
Ce fer serait souillé par des mains étrangères.

(Athamare tombe sur l'autel.)

HERMODAN.

Dieux! vîtes-vous jamais deux plus malheureux pères!

ATHAMARE.

Dieux ¡de tous mes tourmens tranchez l'horrible cours!

SOZAME.

Tu dois vivre, Athamare, & j'ai payé tes jours.
Auteur infortuné des maux de ma famille,
Ensevelis du moins le père avec la fille.
Va régner: malheureux!

HERMODAN.

Soumettons-nous au fort;
Soumettons-nous au ciel arbitre de la mort.——
Nous sommes trop vengés par un tel sacrifice,
Scythes, que la pitié succède à la justice.

Fin de la Tragédie.

AVIS AU LECTEUR.

L'AUTEUR est obligé d'avertir que la plûpart de ses Tragédies imprimées à Paris, chez Duchène, au Temple du Goût, en 1764, avec Privilege du Roi, ne sont point du tout conformes à l'Original. Il ne sait pas pourquoi le Libraire a obtenu un Privilege sans le consulter. Le Roi ne lui a certainement pas donné le privilege de défigurer des Pieces de Théâtre & de s'emparer du bien d'autrui pour le dénaturer.

Dans la Tragédie d'Oreste, le Libraire de Temple du Goût finit la Piece par ces deux vers de Pilade :

Que l'amitié triomphe en tous temps, en tous lieux,
Des malheurs des mortels & des crimes des Dieux.

Ce blasphême est d'autant plus ridicule dans la bouche de Pilade, que c'est un Personnage religieux qui a toujours recommandé à son ami Oreste d'obéir aveuglément aux ordres de la Divinité. *Dans toutes les autres Editions on lit :* Et du couroux des Dieux.

On ne conçoit pas comment, dans la même Tragédie, l'Editeur a pu imprimer (page 237).

Je la mets dans vos fers, elle va vous servir.
C'est m'acquitter vers vous bien moins que la punir.
Vous laissez cette cendre à mon juste couroux, &c.

Qui jamais a pu imaginer de mettre ainsi quatre rimes masculines de suite, & de violer si grossiérement les premieres regles de la Poësie Française ? Il y a plus encore. Le sens est perverti. Il y a six Vers nécessaires d'oubliés. Il se peut qu'un Comédien, pour avoir plutôt fait, ait écourté & gâté son rôle. Un Libraire ignorant achete une mauvaise copie du Souffleur de la Comédie, & au lieu de suivre l'édition de Genève qui est fidele, il imprime un ouvrage entiérement méconnaissable.

La même sottise se trouve dans la Tragédie de Brutus, page 282.

Je plains tant de vertus, tant d'amour & de charmes.
Un cœur tel que le fien méritait d'être à vous.
Abominables loix que la cruelle impofe !

Peut-on préfenter aux Lecteurs un pareil galima-
tias & voler ainfi leur argent ? Il y a ici trois vers
d'oubliés. Telle eft la négligence de quelques Li-
braires. Ils n'ont ni affez d'intelligence pour com-
prendre ce qu'ils impriment, ni affez d'honnêteté pour
payer un Correcteur d'Imprimerie. Pourvu qu'ils
vendent leur marchandife, ils font contents. Mais
bientôt leur mauvaife conduite eft découverte , &
leurs miférables éditions décriées reftent dans leurs
boutiques pour leur ruine.

Tancrede eft imprimé beaucoup plus infidélement.
L'Auteur eft obligé de déclarer qu'il y a dans cette
piece beaucoup de vers qu'il n'a jamais ni fait, ni pu
faire, comme ceux-ci par exemple :

Voyant tomber leur chef, les Maures *furieux*
L'ont accablé de traits dans *leur rage cruelle.*

L'Orphelin de la Chine n'eft pas moins défiguré.
On ne trouve point dans l'édition de Duchêne ces
quatre vers que dit Gengiskan, & qui font dans toutes les éditions.

Gardez de mutiler tous ces grands monumens,
Ces prodiges des arts confacrés par les temps;
Refpectez-les ; ils font le prix de mon courage.
Qu'on cefle de livrer aux flammes, au pillage,
Ces archives de loix, ce long amas d'écrits,
Tous ces fruits du genie, objets de vos mépris.
Si l'erreur les dicta, cette erreur m'eft utile ;
Elle occupe ce peuple, & le rend plus docile.

Ce difcours eft très-convenable dans la bouche
d'un Prince fage, qui parle à des Tartares ennemis
des loix & de la fienne.

Voici ce que l'éditeur a mis à la place:

Ceffez de mutiler tous ces grands monumens
Echappés aux *fureurs des flammes, du pillage.*

Toute la fin de la Tragédie de Zulime eſt ridicu-
lement altérée. Une fille qui a trahi, outragé, atta-
qué ſon père, qui ſent tous ſes crimes, & qui s'en
punit, à qui ſon père pardonne, & qui s'écrie dans
ſon déſeſpoir, *J'en ſuis indigne*, doit faire un grand
effet! On a tronqué & altéré cette fin, & on finit la
pièce par une phraſe qui n'eſt pas même achevée.
Les vers impertinens qu'on a mis dans Olimpie,
ſont dignes d'une telle édition. En voici un qui me
tombe ſous la main.

Ne viens point, malheureux, par différents efforts.

En un mot, l'Auteur doit pour l'honneur de l'art,
encore plus que pour ſa propre juſtification, précau-
tionner le lecteur contre cette édition de Duchêne,
qui n'eſt qu'un tiſſu de fautes & de falſifications. Il
n'eſt pas permis de s'emparer des ouvrages d'un homme, de ſon vivant, pour les rendre ridicules. On a
pris à tâche de gâter les expreſſions, de ſubſtituer
des liaiſons à des Scènes plus impertinemment tron-
quées. Cette manœuvre a été pouſſée à un tel excès,
que les Comédiens de Province eux-mêmes, révoltés
contre la licence & le mauvais goût qui défiguraient
la Tragédie d'Olimpie, n'ont jamais voulu la jouer
comme on l'a repréſentée à Paris.

Ce n'eſt pas aſſez d'être parvenu à corrompre preſ-
que tous les ouvrages qu'un homme a compoſés pendant plus de cinquante années: tantôt on publie ſous
ſon nom de prétendues *lettres ſecrettes*; tantôt ce ſont
des lettres à ſes *amis du Parnaſſe*, qu'on fabrique en
Hollande ou dans Avignon; & puis c'eſt ſon *porte-
feuille retrouvé*, que perſonne ne voudrait ramaſſer.
Granger le Libraire met ſon nom hardiment à un to-
me de Mélanges; un ex-Jéſuite lui attribue des livres
ridicules, & écrit contre ces livres un libelle beaucoup plus ridicule encore; & tout cela ſe vend à
des provinciaux & à des étrangers, qui croient acheter ce qu'il y a de plus intéreſſant dans la littérature
Françaiſe. Il eſt vrai que toutes ces impertinences

tombent & meurent, comme des infectes éphémères.
Mais ces infectes fe reproduifent toutes les années.
Rien n'eft plus aifé à faire qu'un mauvais livre, fi ce
n'eft une mauvaife critique. La baffe littérature in-
onde une partie de l'Europe. Le goût fe corrompt
tous les jours. Il en eft à peu près de l'art d'écrire,
comme de celui de la déclamation. Il y a plus de
fix cens Comédiens Français répandus dans l'Europe, & à peine deux ou trois qui aient reçu de la nature les dons néceffaires, & qui aient pu approfon-
dir leur art. Combien avons-nous d'écrivains qui à
peine favent leur langue, & qui commencent par
dire leurs avis fur les arts qu'ils n'ont jamais prati-
qués, fur l'agriculture fans avoir poffédé un champ,
fur le miniftère fans être jamais entrés dans le bureau
d'un Commis; fur l'art de gouverner fans avoir pu
feulement gouverner leur fervante? Combien s'éri-
gent en critiques, qui n'ont jamais pu produire d'eux-
mêmes un ouvrage fuportable; qui parlent de poé-
fie, & qui ne favent pas feulement la mefure d'un
vers? Combien enfin deviennent calomniateurs de
profeffion, pour avoir du pain; & qui vendent des
injures à tant la feuille?

EXTRAIT

d'une Feuille Périodique de *Paris*.

LEs *Scythes* ont eu quatre repréſentations; on reprendra cette Piéce après la Pentecôte. Elle eſt imprimée, & le ſujet paroît un peu calqué ſur celui d'*Alzire*: un Général *Perſan*, maltraité par ſon Prince, ſe retire avec ſa fille, dont le Prince étoit amoureux, dans le Pays des *Scythes*. Le fils d'un des principaux des *Scythes* devient amoureux de la jeune *Perſanne*, & l'épouſe. Dans le moment que le ſerment de l'himen vient d'être prononcé ſur l'Autel, arrive l'Empereur *Perſan* qui, tranſporté par ſon amour, eſt venu chercher ſa maîtreſſe pour en faire ſa femme. Il cherche querelle au jeune *Scythe*, ſon rival: ils ſe battent, le *Scythe* eſt tué; & le Prince *Perſan* eſt arrêté. La loi du Païs veut que la femme ſacrifie elle-même le meurtrier de ſon mari, ou bien ce meurtrier & ſes complices doivent périr dans des tourmens affreux. La jeune *Perſanne*, qui veut ſauver ſon amant & ſon Roi, fait jurer aux *Scythes* de renvoyer libres tous les *Perſans* lorſqu'elle aura fait le ſacrifice. Le ſerment ayant été prononcé elle ſe poignarde ſur l'Autel; meurt; & la Piéce finit. Mdlle. Durancy y jouë le principal rôle, celui d'*Obéïde*, c'eſt la jeune *Perſanne*; d'Auberval celui de *Sozame* ſon père; Le Kin celui d'*Athamare* Prince Perſan; Molé celui d'*Indatire* jeune Scythe; & Briſart celui d'*Hermodan*, père du Scythe.

www.ingramcontent.com/pod-product-compliance
Lightning Source LLC
LaVergne TN
LVHW050645090426
835512LV00007B/1042